Ray O. Nolan **NOSTRADAMUS – KLARTEXT !**

Herstellung: Books on Demand GmbH
ISBN 3-8311-4357-9

Herausgeber: Media Vision, Paraguay

Autoren-Kontakt:
E-Mail: RayNolan@nostradamus-prophezeiungen.de
Homepage: http://nostradamus-prophezeiungen.de

Ray O. Nolan

NOSTRADAMUS – KLARTEXT

Denn nichts ist verhüllt, was nicht enthüllt wird,
und nichts ist verborgen, was nicht bekannt wird.
Was ich euch im Dunkeln sage, davon redet am hellen Tag,
und was man euch ins Ohr flüstert,
das verkündet von den Dächern.

Matthäus, 10/26

Nostradamus – Prophet oder Scharlatan?

Im Juli 1999 passierte etwas Merkwürdiges – absolut nichts! Die Welt, vor allem die der Nostradamus-Anhänger, erwartete damals einen gigantischen Kometen, der die Erde von ihrer Umlaufbahn zwingen würde, eine bedrohliche Ufo-Invasion, nukleare Katastrophen oder sonst ein einschneidendes Ereignis, das fortan unsere Zukunft schwärzer als je zuvor bestimmen würde. Doch wie gesagt – nichts rührte sich.

Ausgelöst hatte dieses Katastrophenfieber jener mittelalterliche Seher und Prophet namens Michel Nostradamus, der genau 444 Jahre zuvor niedergeschrieben hatte, dass die Menschheit im Juli 1999 von einem 'großen Schreckensherrscher' heimgesucht werden würde, welcher 'vom Himmel' käme. Auf meiner Homepage, besonders in meinem Forum, war damals der Teufel los. Die Besucherzahlen stiegen so drastisch an, dass ich einen sogenannten Freitags-Talk installierte, wo meine Besucher zwischen 18.00 und 20.00 Uhr mit mir und auch untereinander diskutieren konnten. Die aberwitzigsten Theorien darüber, wie dieser Schreckensherrscher wohl aussehen, und was Nostradamus damit überhaupt gemeint haben könnte, wurden aufgestellt. Das Forum wurde zu einem beliebten Treffpunkt von Nostradamus-Autoren, Neugierigen, ängstlichen Naturen, Gurus, Hackern sowie CIA- und Pentagon-Kiebitzen.

Dann, als sich absolut nichts Sensationelles ereignete, erhoben sich immer mehr Stimmen, die zu bedenken gaben, dass es nach Nostradamus' Tod eine Kalenderreform gegeben habe und es daher möglich sei, dass das angekündigte Ereignis in die ersten Augusttage des Jahres 1999 fallen würde. Da käme doch eine Sonnenfinsternis, und mit ihr vielleicht dann auch jener große Schreckensherrscher...

11. August 1999. Die totale Sonnenfinsternis kam. Sie war schön, und besonders im Süden Deutschlands, an den wenigen Orten, wo der Himmel nicht wolkenverhangen war, ziemlich eindrucksvoll. Jedoch keineswegs dramatisch, sieht man von einem kleinen Jungen ab, der in Frankreich zu lange ohne Sonnenbrille in die Sonne geguckt hatte und darüber erblindet war.

Da aber ein nostradamusgläubiger Mensch kaum dazu bereit ist, seinen ehrfürchtig gepflegten Glauben an die geheimnisvollen Prophezeiungen des Sehers aufzugeben, tauchte in den Tiefen des Internets unvermittelt eine erlösende Idee auf, die wieder alles möglich machte: Mit dem französischen "sept mois" = "siebter Monat" habe Nostradamus vermutlich gar nicht den Monat Juli gemeint, sondern "sept." könne man auch als Kürzel für "September" deuten. Tatsächlich würde es dann heissen: "*Das Jahr 1999, Monat Sept., ein großer Schreckensherrscher wird vom Himmel kommen...*" (Vers 10/72 in den Original-Centurien).

Dies erschien mir einleuchtend, aber das erneute Warten begann an den Nerven zu zehren. Der August zog vorbei, der September kam und ging und – wieder nichts!

Mein Bedarf an Nostradamus-Prophezeiungen war damit ein für allemal gedeckt. Nach über sieben Jahren Nostradamus-Forschung und zwei Prophezeiungsbüchern schrieb ich die Empfangsseiten meiner Homepage am kommenden Tag um: "Nostradamus – Prophet oder Scharlatan? War Michel Nostradamus nur ein Gauner und Abzocker seiner Zeit...?" Ich war stinksauer auf den Burschen und innerhalb von zwei Stunden knallte ich 12 Seiten ins Internet, die den alten Seher im übelsten Licht darstellten.

Das Thema Prophezeiungen war für mich endgültig vom Tisch. Der 'größte Prophet aller Zeiten' hatte eine klare Jahresangabe gemacht und sich sogar zeitlich auf den Juli, August oder September festgelegt (was durchaus eine Auslegungssache sein konnte), aber nichts von dem, was er vorausgesagt hatte, war tatsächlich eingetroffen. Aus. Vorbei. Ray O. Nolan warf das Handtuch und machte sich nun daran, Aufklärungsarbeit an vorderster Front, bei den ganz hartgesottenen Nostradamus-Anbetern, zu betreiben.

11. September 2001.

Entführte Terrorjets rasten ins New Yorker *World Trade Center* und die Welt schien für Tage und Wochen vor Entsetzen wie gelähmt. Falsche Nostradamus-Prophezeiungen jagten in Sekundenschnelle durch die Datenhighways des Internet, Presse und Fernsehen stürzten sich wieder auf die Prophezeiungen und die Besucherzahlen auf meinen Webseiten schnellten von bis dahin 15 000 monatlichen Besuchern auf über 100 000 pro Woche hinauf. Meine Foren quollen über vor Hilfesuchenden und ängstlichen Fragestellern, Falschmeldungen und zusammengestrickten Nostradamus-Interpretationen.

Nostradamus, mein falscher Prophet und Abzocker, war mit einem Mal gefragt, wie nie zuvor. Mein neues Buch, "Der Seher" (Juli 2001, ein Action-Thriller, weil ich nie mehr ein Sachbuch über Nostradamus schreiben wollte), schnellte in den *amazon.de*-Charts vom Startplatz 500.000 binnen einer Woche auf Platz 90. Mit ein Grund für den kometenhaften Aufstieg war ein markantes Datum in diesem Roman – der 11. September – ein Datum, das ich Jahre zuvor in den Nostradamus-Centurien entschlüsselt, und in die Romanhandlung einbezogen hatte.

Und nun stand es da, dieses Datum! Schwarz auf Weiß – seit Juli 2001 abgedruckt und absolut identisch mit jenem Datum des WTC-Anschlags in New York!

Das Schlimmste daran: die Hauptfigur in diesem Roman, 'Der Seher' – ein Prophet der in der Zukunft lesen konnte wie in einem offenen Buch – hatte dieses Datum festgelegt, um mit seiner Voraussage den unwiderlegbaren Beweis vorzulegen, dass sich seine Schreckensprophezeiungen tatsächlich erfüllen würden.

Und nun tauchte unvermittelt dieser entsetzliche 11. September in unserer realen Welt auf! Ich glaube, ich habe niemals zuvor so viele hysterische E-Mails beantworten müssen, als in diesen Septembertagen. Woher ich dieses Datum hätte, ob ich mehr als andere wisse, ob ich dieses Datum tatsächlich bei Nostradamus gefunden hätte; wäre es möglich, dass Sie meiner Frau schreiben, dass Sie das Datum frei erfunden haben, denn sie ist völlig hysterisch, seitdem sie Ihr Buch gelesen hat... usw.

Nun ja. Ich brach meinen Schwur, mich nie mehr mit den Nostradamus-Prophezeiungen zu befassen, machte mich in den Original-Centurien auf die Suche nach jenem Datum, dass ich einmal als 11. September entschlüsselt hatte und begann damit, mich in zwei Hälfen zu spalten: in den inzwischen ungläubig gewordenen Ray O. Nolan und jenen, der dann doch so ein kleines bisschen zu hoffen begann, dass er nicht sieben Jahre seines Lebens an einen mittelalterlichen Scharlatan und Abzocker verschwendet hatte. Denn das Datum stand dort klar und unmissverständlich in einer Zeile, aber das gesamte Geschehen des Vierzeilers behandelte eher ein Erdbeben in Sizilien. Auf eine Terrorattacke wie sie in New York stattgefunden hatte, hätte man nur durch eine einzige Zeile dieses Vierzeilers schließen können, wo von Trümmern, Schreien und Bollwerken die Rede war, die zusammenstürzen würden...

Nur eine einzige von vier Zeilen passte zum realen Ereignis des 11. Septembers 2001. Mehr nicht! Und wenn es nun tatsächlich doch einen Zugang zum entschlüsselten Werk des Michel Nostradamus geben sollte, dann nur in der Form, dass seine merkwürdigen, kaum verständlichen vierzeiligen Textgebilde Zeile für Zeile so umgestellt werden mussten, dass sich daraus ein halbwegs lesbarer und verständlicher Sinn ergab. Alles andere hatte ich tausendmal durchgetestet und probiert.

Schon in meinem Buch "Das Nostradamus-Testament" hatte ich darauf hingewiesen, dass zahlreiche Vierzeiler trotz ihrer Reimform von Zeile zu Zeile sinnlose Themensprünge machten und auch sehr abgehackt erschienen. Dies jedoch fällt nur auf, wenn man sich einmal die Mühe macht, eine französische Originalversion zu lesen. In den meisten Nostradamus-Übersetzungen wurden bisher die Zeilenübergänge wegen einer besseren Lesbarkeit gleitender geschrieben. Das klingt zwar fließender, ist aber leider nicht immer korrekt. Damals machte ich mir darüber jedoch nicht viele Gedanken. Ich ließ die meisten Ausschmückungen in den Übersetzungen zwar fort, aber ich verfolgte diese Idee nicht weiter. Zwei treffliche Beispiele:

2/18
Neuer plötzlicher Regen, ungestüm
hält unvermittelt zwei Unternehmungen auf,
Steine, Himmel, Feuer macht das Meer steinig
Der Tod der Sieben, Erde und Meer plötzlich.

2/21
Der Botschafter, entsandt mit dem zweirudrigen Boot,
auf halbem Weg von Unbekannten zurückgeschlagen,
Mit dieser Hilfe kommen vier Dreirudrige.
Seile und Ketten in Negrepont hochgezogen.

Hier passen innerhalb eines Verses die Zeilen nur *scheinbar* zusammen. Liest man jedoch die beiden Verse von Zeile zu Zeile verschoben von oben nach unten, also Zeile 1 im oberen Vierzeiler, dann Zeile 1 im unteren Vierzeiler, Zeile 2 oben, dann Zeile 2 unten usw., kommt mit einer ganz leichten Verstellung der Interpunktion folgende Aussage zustande:

"Neuer plötzlicher Regen, ungestüm der Botschafter, entsandt mit dem zweirudrigen Boot, hält unvermittelt zwei Unternehmungen auf – auf halbem Weg von Unbekannten zurückgeschlagen. Steine, Himmel. Feuer macht das Meer steinig. Mit dieser Hilfe kommen vier Dreirudrige. Der Tod der Sieben, Erde und Meer. Plötzlich Seile und Ketten in Negrepont hochgezogen."

Nun bekommt selbst das am Schluss der vierten Zeile zusammenhanglos dastehende Wort 'plötzlich' seinen Anknüpfungspunkt und damit einen Sinn. *"Plötzlich Seile und Ketten in Negrepont hochgezogen..."*

Damit habe ich Ihnen zwar nicht den Nostradamus-Schlüssel präsentiert, aber das Beispiel zeigt ganz klar, dass die Zeilen verschiedener Verse sehr wohl austauschbar sind, wobei sie zuweilen sogar noch sinnvollere Inhalte abgeben, als das Original selbst.

Und so etwa liest sich das quer durch den prophetischen Garten des Nostradamus. Einen scheinbaren Sinn kann man fast immer nur durch eigenes Gedankengut hineinbringen. Ähnlich verhält es sich mit dem nicht in Erfüllung gegangenen Horror-Vers zum Juli 1999 in der 10. Centurie, wo ebenfalls jede Zeile zu einem anderen Text gehören könnte, z.B. zum Vierzeiler 10/75. Auch hier lässt sich das prächtig von oben nach unten lesen:

10/72
(1) *Das Jahr 1999 siebter Monat.*
(3) *Vom Himmel kommt ein großer Schreckensherrscher.*
(5) *Wiedererweckt der große König von Angoulmois,*
(7) *Vor, nach Mars, Regieren zu guter Stunde,*

10/75
(2) *So erwartet wird es niemals kommen.*
(4) *Hinein nach Europa, in Asien wird er auftauchen.*
(6) *einer des Bundes, entsprossen dem großen Hermes.*
(8) *dass die Verstorbenen aus ihrem Grab steigen werden.*

Dieser Gedanke also, dass ich mich bestenfalls noch dafür erwärmen könnte, die Nostradamus-Prophezeiungen bekämen einen Sinn, wenn man einen logischen Schlüssel fände, durch den die Zeilen neu verknüpft und die Voraussagen dann klarer werden würden, schrieb ich während der neu aufflammenden Diskussion nach dem WTC-Anschlag in mein Forum.

Die Antworten darauf waren wenig spektakulär. Die meisten Besucher hielten nicht viel von der Idee. Meine Stamm-Forumbesucher (ich am allerwenigsten) hätten sich wohl auch kaum die Arbeit aufgebürdet, in den rund 3 800 Einzelzeilen nach einem Schlüssel zu forschen, der vielleicht – und nur vielleicht – von Nostradamus angewandt worden war, um den tatsächlichen Inhalt seiner Prophezeiungen zu verschleiern.

Und gewiss wären meine Überlegungen in Vergessenheit geraten, wäre da nicht ein junger Informatiker und Nostradamusfreak gewesen, der mir ein Computerprogramm zukommen ließ, das es mir endlich möglich machte, nach logischen Zeilenkombinationen zu forschen und das gesamte Nostradamuswerk so von unten nach oben zu stülpen, wie es vor mir wohl noch nie jemand getan hatte...

Das erste Geheimnis

Den dornigen Weg vom Kennenlernen des Programms über die ersten konkreten Hinweise bis hin zu jenem Tag, der mich in eine neue Welt entgleiten zu lassen schien, möchte ich meinen Lesern an dieser Stelle ersparen (im Anhang dieses Buches wird darüber berichtet werden) – doch dann war er unvermittelt da, dieser Vers, der ab nun mein Leben verändern sollte:

Eine Begrüßungsfloskel, nicht in vier Zeilen geschrieben, wie man das bisher von Nostradamus kannte, sonder in Form eines Sechszeilers, der in der Versmitte (im französischen Originaltext) sogar den Namen des Sehers offenbarte:

Allein, beruhend auf den unerschütterlichen Gedanken
fällt nachfolgend das Vorzeichen zur Nachtstunde.
Verloren, gefunden, verborgen für einen so langen Zeitraum,
was in langer Zeit zusammengetragen wurde,
hervorbringend, woran man nicht vergeblich glauben soll.
In jener Zeit, vollendet und ausgezehrt, meine Prophezeiung.

Das, was ich nun dort las, klang wie eine Botschaft – die erste klar leserliche Botschaft – aus einer längst vergessenen Zeit! Ich konnte mir fast bildlich vorstellen, wie der alte Fuchs in einer frostklirrenden Winternacht des Jahres 1555 sie beim Licht einer Talgkerze mit Federkiel und Tinte tatsächlich niedergeschrieben hatte!

Und so setzte sich das fort. Das Erstaunliche daran war, dass jede der neu umgestellten Prophezeiungen trotz einer höheren Zeilenmenge (die Originalverse bestehen bekanntlich aus je vier Zeilen) nicht etwa noch holperiger als die Vierzeiler selbst klangen, sondern dass nun alle neu vom Programm erstellten Sechszeiler deutlich komplettierter und aussagekräftiger erschienen. Genial war auch der Trick der Zeilenumstellung – immerhin so gut, dass er 450 Jahre lang keinem Nostradamus-Entschlüsseler aufgefallen war, aber auch so simpel, dass das einfache Grundmuster der richtigen Lesart eigentlich irgend jemand in den vergangenen Jahrhunderten entdeckt haben müsste!

Woran ich vorher nie gedacht hatte, was sich nun aber immer deutlicher herauskristallisierte, waren die überaus beschränkten Möglichkeiten des Sehers, in dieser frühen Epoche einen allzu papier- und schreibaufwendigen komplizierten Code verwenden zu können. Papier, damals sehr holzhaltig und von schlechter Qualität, gab es nur in begrenzten Mengen. Man schrieb mit dem Kiel von Gänsefedern – meist mit selbstgemachter Tinte, die in der Regel viel Zeit zum Trocknen benötigte. Nostradamus hatte also weder die Möglichkeiten, vermutlich auch nicht die Muße, seine niedergeschriebenen Visionen durch aufwendiges und vielfaches Neu- und Umschreiben kompliziert zu verschlüsseln.

Und: da Michel Nostradamus seine Prophezeiungen in Teilen abdrucken ließ (die erste Ausgabe aus dem Jahr 1555 enthielt nur dreieinhalb Centurien, weitere erschienen erst Jahre später) war es schlichtweg unmöglich, dass er beispielsweise die Zeilen der ersten Centurie mit jenen der zehnten (die noch gar nicht geschrieben war) zusammengewürfelt hatte. Ein Zeilenaustausch musste also innerhalb einer Centurie stattgefunden haben, schlimmstenfalls innerhalb der 354 Vierzeiler aus der ersten Veröffentlichung!

Greift man diese so selten beachtete, aber eigentlich logische Überlegung auf, kommt noch etwas hinzu: Michel Nostradamus hatte, als er seine ersten Centurien schrieb, bereits eine Menge Erfahrungen über das Drucken, die Satzfehler und die Endprodukte seiner vorangegangenen Werke gesammelt. Er wusste, dass die Drucker teilweise damit Probleme hatten, seine Schrift zu lesen, dass ihnen immer wieder Fehler beim manuellen Erstellen und Ritzen der Druckplatten unterliefen, dass die grammatikalische Schreibweise noch weitgehendst Ermessenssache war und dass ausgelassene Buchstaben und Falschschreibungen in seiner Epoche zum kaum wegzudenkenden Druckeralltag gehörten.

Sich also auf das säuberliche Aufreihen von Buchstabenketten zu verlassen, auf Präzision und die korrekte Wiedergabe seiner Worte und Zeilen, war schlichtweg unmöglich. Es wäre jedoch gewiss möglich, dass er einige wenige Botschaften und Hinweise verschlüsselt hatte und damals seinen Drucker anwies, diese oder jene Sätze besonders sorgsam zu behandeln.

Über diese Botschaften werden wir an späterer Stelle noch zu sprechen haben. Hier jedoch soll der kleine Hinweis auf die neuen Umstände, die ich früher bei der Suche nach dem Nostradamus-Schlüssel unberücksichtigt gelassen, nun aber mit einbezogen hatte, zunächst genügen...

Vor mir hatte sich eine neue Welt aufgeblättert.

Eine Welt, voll von faszinierenden, sechszeiligen Prophezeiungen, die nun, nach der richtigen Zusammenstellung, zum ersten Mal seit rund 500 Jahren deutlich und sinnvoll erschienen! Alles, aber wirklich alles, las sich mit einem Mal in einer nie zuvor geahnten Klarheit, dass es mir die Sprache verschlug! Es gab ihn also, diesen seit Jahrhunderten verborgenen, schier unauffindbaren Schlüssel zu den Prophezeiungen des Michel Nostradamus!

Dann kam es zu einer neuen Überraschung: Hat man eine Centurie komplett entschlüsselt, verbleiben am Ende immer 21 Restzeilen, die ein sinnvolles Ganzes zu ergeben scheinen. Diese 21-Zeiler beschreiben ausführlich so geschichtlich relevante Ereignisse, wie den Holocaust unter Nazi-Deutschland, den Zweiten Weltkrieg, die französische Revolution und die Feldzüge Napoleons oder den Werdegang der 'Neuen Welt' in den Vereinigten Staaten von Amerika.

Der 21-Zeiler der ersten Centurie liest sich, neben einigen Bestätigungen zum Code, wie eine Ansprache des Sehers zu den Mitmenschen und an den König (Heinrich II.) seiner Zeit:

Die 21 Restzeilen der 1. Centurie

(Vers-Nr. / Zeile)

1/2 Allein, beruhend auf den unerschütterlichen Gedanken:
1/3 Winzige Flamme dringt aus der Einsamkeit,
1/4 bringt hervor, woran man nicht vergeblich glauben soll.
2/4 Übernatürlicher Strahlenglanz, dem Wahrsager nahe.
10/3 Die Alten und Vorfahren steigen aus den Tiefen der Hölle,
10/4 aber sterbend sehen sie ihre tote Frucht und schreien,
15/4 wegen jenem, den sie nicht anhören wollen
16/2 in seinem hohen Trog der Erhebung!
34/4 Der glaubende Teil besteht wegen guter Voraussagen fort.
41/4 Gift in den Buchstaben, innerhalb der Falten versteckt,
47/2 Tage werden durch Wochen reduziert,
54/3 das bewegliche Zeichen mischt sich an seinem Ort.
66/1 Derjenige, welcher zur Zeit die Neuigkeiten überbringt,
68/3 im Verdacht suspekt zu sein, schlecht von Bewachern behandelt
88/2 – kurz bevor er die Frau geheiratet haben wird –
88/3 seine Stütze, sein Ansehen, werden mit einem mal gering.
96/2 Gotteshäuser und Sekten, verändern durch Fantasie,
97/1 das, was Schwert, Flamme, nicht vollenden konnten.
97/3 Durch Ruhe, Nachdenken, wird der König überlegen –
98/1 das Oberhaupt, das unendliche Völker geführt haben wird.
99/3 Oh, welchen Seufzer wird der große Spielleiter machen!

Widersprüche ?

Ich habe lange überlegt, wie ich Ihnen die Voraussagen im vorliegenden Buch präsentieren soll, denn durch die Entschlüsselung entfallen nicht nur die uns bekannten Versnummern, sondern die Mehrzahl der Prophezeiungen sind in den vergangenen 450 Jahren (seit dem Erscheinen der Erstausgabe) längst Geschichte geworden. Seeschlachten, Revolutionen, kleine und große Kriege, zahlreiche Ereignisse aus der Heimat des Michel Nostradamus (Südfrankreich) sowie Zwist und Streitigkeiten zwischen den ehemaligen Königshäusern – dies betrachten heute die meisten Menschen als 'Schnee von gestern'.

Es würde auch den Rahmen dieses Buches sprengen, lückenlos alle von Nostradamus niedergeschriebenen Prophezeiungen abzudrucken oder gar zu kommentieren. Andererseits sind es allerdings zahlreiche jener bereits eingetroffenen Ereignisse – eigentlich nur diese – durch die wir eine Möglichkeit zum Überprüfen der Prophezeiungen in die Hand bekommen.

Darüber hinaus wirft sich die Frage auf, ob selbst prophetisch höchstsensibilisierte Menschen praktisch am Fließband Ereignisse aus der Zukunft visionär voraussehen können. Denn so präzise und verständlich sich nun auch die neu entschlüsselten Sechszeiler lesen lassen, ein schöner und verständlich klingender Nostradamus-Text allein muss noch keine Prophezeiung darstellen – und schon gar keine (richtige) Voraussage, die sich möglicherweise einmal erfüllen wird.

Um herauszufinden, ob im Gegensatz zu den uns bekannten Vierzeilern nun zumindest die entschlüsselte Version mehr enthält als puren visionären Gedankenschrott, wird eine Überprüfung von einigen Voraussagen, die Nostradamus für zurückliegende Ereignisse (aus heutiger Sicht) machte, also unumgänglich. Dafür bieten sich insbesondere die wenigen Vorhersagen an, in welchen Nostradamus Zeitangaben machte. Dazu gehören unter anderem die Vierzeiler 3/77 und 10/72, die Sie in der Originalversion zum Vergleich im Anhang dieses Buches finden.

In beiden Vierzeilern traf das in den Vierzeilern vorhergesagte Ereignis *nicht* ein – selbst nicht mit gutem Willen und der Vergewaltigung von geschichtlichen Fakten. In 3/77 (Centurie 3, Vers 77) sagte Nostradamus in den Original-Centurien z.B. für den Oktober 1727 größere Konflikte, Tod, einen Umsturz im Osmanischen Reich durch die christliche Kirche sowie die Gefangenname des persischen Königs in Ägypten voraus. Jedoch nichts von dem geschah. Im Gegenteil. Es war ein ausgesprochen friedliches Jahr und zwischen Persien und Ägypten kam es gar zu einem Friedensvertrag.

Auch im Vierzeiler 10/72 nennt Nostradamus ein deutliches Datum: den Juli 1999. Das ist jener Vers, wo es heißt, dass ein großer Schreckensherrscher vom Himmel käme, welcher uns mehr oder weniger den Garaus machen würde. Auch hier passierte absolut nichts, obwohl die Menschheit wegen der Monatsangabe *"sept mois"* noch geduldig drei Monate länger auf das angekündigte Ereignis wartete.

Was also liegt näher, als nun jene entschlüsselten Voraussagen zu überprüfen, in welchen derartige Daten auftauchen? Im Juli 1999 gab es praktisch nur ein herausragendes Ereignis: den Flugzeugabsturz von John F. Kennedy jr. – und im Oktober 1727 herrschte ausnahmsweise einmal Frieden im Osmanischen Reich. Was aber prophezeite uns Nostradamus nun tatsächlich in der neu entschlüsselten Version?

Ein Blick in diese beiden Sechszeiler beschert gleich zwei Überraschungen: Die Daten stimmen gar nicht, weil sie durch andere Zeilen praktisch entkräftet werden, und – Nostradamus war ein hochintelligenter Fuchs!

Entweder er hatte geschummelt und konnte gar nicht prophezeien (was ich seit Juli 1999 vermutete), oder er konnte es doch und man muss sich in Geduld üben bzw. ihm auf andere Art auf die Schliche kommen, um seine Daten auf ihren Wahrheitsgehalt hin zu überprüfen.

Zunächst einmal war da bei mir aber nur blankes Staunen:

3/77
(Neue laufende Nummer: 3/27)

Das Jahr 1727 im Oktober,
Blutbefleckt in 290 Jahren
ist der große Neptun im Alarmzustand!
Der schwarze Krausbart wird seine Trophäe hochhalten.
Die Schandleiter an der Mauer, die Stadt bereut –
das große Theater beginnt aufs Neue!

Das klingt zunächst verwirrend, addiert man aber 290 zum Jahr 1727, dann zeigt das Ergebnis das Jahr 2017 an. In diesem Fall heißt es also zunächst einmal abzuwarten, weil sich das vorhergesagte Ereignis erst in unserer unmittelbaren Zukunft ereignen, oder nicht ereignen wird.

Interessant ist in diesem Zusammenhang, dass im Jahr 1727 v. Chr. (nach biblischer Zeitrechnung) die Stammväter Abraham und Ur im Westjordanland Palästina gründeten. Rechnet man 290 Jahre von 1727 ab, überrascht als Ergebnis die Zahl 1437, welche Nostradamus später im Begleitbrief an Heinrich II in seiner Aufzählung von biblischen Daten als 4173 niederschrieb. Die gleiche Zahl ermittelt später auch der Sohn Scaligers (langjähriger Freund und späterer Widersacher des Michel Nostradamus) als 'Julianische Kalenderzahl' – praktisch das Jahr Null der biblischen Zeitrechnung. Zufall? Echte Prophezeiung oder nur visionärer Schrott? Die Frage bleibt unbeantwortet. Wir werden uns wohl oder übel noch bis zum Jahr 2017 gedulden müssen...

Ebenso verfuhr der alte Fuchs mit dem Sechszeiler für das Jahr 1999. Der gleiche Trick führt auch hier in ein völlig anderes Jahr, allerdings werden wir da nun sehr viel rascher erfahren, ob die Voraussage eintreffen wird, denn da heißt es:

10/72
(Neue laufende Nummer: 10/9)

Das Jahr 1999, siebenter Monat:
Mittelmäßige Zeiten; die Süße für Bitterkeit.
Einige gute Jahre, eines untergrabend und plündernd.
Sieben Jahre später – der Ruf ohne Makel
wird nicht mehr lange Zeit strahlen und kraftlos werden
mit Kaufleuten, Buhlern, hassenswerten Wölfen.

Da scheint zumindest einiges bereits heute schon aufzugehen. 1999 bescherte den meisten Ländern der westlichen Welt ein relativ ruhiges Jahr. Bereits im Juni endete nach 79 Tagen der neu aufgeflammte Krieg in Jugoslawien, wonach im Balkan die Zeit des Wiederaufbaus begann. Vom einem, vom Himmel herabkommenden Schreckensherrscher ist hier nicht mehr die Rede (der taucht in einer anderen zukünftigen Prophezeiung auf).

Sieben Jahre später, also 2006, könnte ein Aufsehen erregender Wirtschaftsskandal Schlagzeilen machen. Die letzten Zeilen lesen sich so, als wenn eine vom Ruf her unbefleckt erscheinende Person des öffentlichen Lebens, eine Partei, ein Konzern, eine Regierung, bereits heute – aber noch unentdeckt – verschlungene, unlautere Wege eingeschlagen hat. Im Jahr 2006 sollte dann darüber Klarheit herrschen.

In einem anderen Vers, dem Vierzeiler 1/49, wo das Jahr 1700 genannt wird, legt Nostradamus dann jedoch die Karten in der entschlüsselten Sechszeiler-Version unverhüllt auf den Tisch. Vom Glaubenskrieg Nordeuropas mit dem Morgenland (in der Originalversion), wobei ganz Nordeuropa am Ende von Arabern besetzt ist, kann man in der nun entschlüsselten sechszeiligen Prophezeiung allerdings nichts mehr finden:

1/28

Das Jahr 1700 bringt große Umwälzungen.
Der Zyklus rückt der Erneuerung näher,
in einen kleinen Ort, welcher sehr bald wachsen wird.
Der große Monarch, der einen Verbund besiegelt,
wo man im Zentrum sein Zepter niederlegen wird,
sein Aufsehen, Lob, Herrschaft, seine Macht wachsen.

Hier wird bestechend genau das geschildert, was im Jahr 1700 tatsächlich geschah – die Entstehung des bis dahin absolut unbedeutenden preußischen Reichs, welches von nun ab 200 Jahre lang zum Dreh- und Angelpunkt der europäischen Politik werden sollte!

Die Vorgeschichte: Der brandenburgische Kurfürst Friedrich III., Herzog in Preußen, (1657 – 1713), Erbe von einigen unbedeutenden Grafschaften, deren Nutzungsrechte sogar testamentarisch auf seine Stiefbrüder übertragen waren, litt in hohem Maße unter der Bedeutungslosigkeit dieses Erbes. Eine Weile lang versuchte er den Mangel an politischer Kompetenz durch eine ihm wohl auch angeborene Prunk- und Verschwendungssucht wettzumachen, aber seinen Traum, die zahlreichen Kurfürstentümer und Markgrafschaften im Deutschen Kaiserreich zu einem geschlossenen Staatsgebilde (mit ihm als König an der Spitze) zu vereinen, verlor er dabei nie aus den Augen.

Er legte die Schlingen dafür äußerst geschickt und ebenso geduldig aus. Wo immer es kriselte, verlieh er seine hervorragende Heerestruppen, half mit Gold aus und versicherte sich dabei stets der Dankbarschaft derer, denen er geholfen hatte. Im Jahr 1700 sah er dann die Stunde gekommen, die Erhebung der Hohenzollern von einer unbedeutenden Grafschaft zur Königsdynastie, in die Tat umzusetzen.

Durch seine Zusage, die habsburgischen Ansprüche auf die spanische Krone zu unterstützen, erklärte sich der deutsch-habsburgische Kaiser Leopold I. dazu bereit, ihm nun nicht mehr im Wege zu stehen. Am 17. Dezember 1700 machte sich der königliche Tross auf, um im preußischen Königsberg die Krönung vorzubereiten. Was im Reichsteil Brandenburg nicht sein durfte – im außerhalb von Brandenburg liegenden Herzogtum Preußen war es ihm jetzt gestattet: Kurfürst Friedrich III. ließ sich als Friedrich I. von Preußen zum König krönen.

Mit dieser so unblutig erhaltenen Königswürde legte Friedrich I. den Grundstein zu einem sich immer mehr festigenden und mächtiger werdenden preußischen Staatsgebilde, welches sich durch seinen Sohn (Friedrich Wilhelm I., 1713 – 40) und später durch den Enkel, Friedrich den Großen, auch geografisch immer weiter ausdehnte. Das "Zepter" der Macht wurde im brandenburgischen Berlin niedergelegt, das seine zahlreichen Schlösser und Prachtbauten dem Aufstieg Preußens verdankt.

Hier – so darf man wohl behaupten – bewahrheitete sich die Prophezeiung des Michel Nostradamus in allen Punkten. So verhält es sich auch mit dem sogenannten 'Turniervers' 1/35, durch den der Seher mit einem Mal weit über die Grenzen Frankreichs berühmt wurde. In der entschlüsselten Fassung als Sechszeiler wird Nostradamus noch deutlicher:

(1/35 – neue laufende Nummer: 1/8)
(Juli 1559)

Streit gereichte dem Franzosen zur Zierde.
Kurz bevor die Sonne sich verbirgt,
bersten im goldenen Gitter seine Augen.
Wenn zu seinen Füssen die Flügel fallen,
auf dem Kampfplatz durch einzigartiges Duell,
zwei Wunden – eine zum Sterben eines schrecklichen Todes.

Dieser Sechszeiler beschreibt den Turnierunfall des zu Nostradamus' Zeiten herrschenden Königs von Frankreich, Henri II. Der schreckliche Unfall ereignete sich am 1. Juli 1559. Heinrich II. veranstaltete dieses prunkvolle, aber tödlich endende

Turnier anlässlich der Vermählungsfeierlichkeiten seiner Tochter Elisabeth mit dem spanischen König. Obwohl man auf den König einredete, an diesem heißen Julitag nicht selbst anzutreten, befahl dieser seinem Hauptmann der Leibgarde, Daniel Delorges Graf Montgomery, gegen ihn in die Schranken zu reiten.

Im zweiten Waffengang drang ein Splitter von Montgomerys gebrochener Lanze durch das Visier des Königs und durchbohrte dessen Auge, um wieder am Ohr auszutreten. Zwei Waffengänge und zwei fürchterliche Wunden waren es, die den Tod Heinrichs zehn Tage später herbeiführten...

Aus diesem Betrachtungswinkel heraus könnten dann auch andere Prophezeiungen richtig sein. Dabei stellt sich jedoch immer wieder die quälende Frage: Ist es tatsächlich möglich, noch nicht eingetroffene Ereignisse visionär in einer solchen Klarheit vorauszusehen? Hat Nostradamus gewissermaßen die Zukunft 'anzapfen' können, oder bezog er sein Wissen – wie er sagt – aus uralten Quellen? Aus welchen? Und wenn es diese tatsächlich gab oder gibt: woher stammte deren Wissen?

Die entschlüsselten Sechszeiler über den Anschlag vom 11. September 2001 in New York (World Trade Center) oder über das Ableben von Lady Di (Diana Spencer) im August 1997 machen da sehr nachdenklich:

11. Sept. 2001
New York, World Trade Center

9/14
Die große Hafenstadt
wird heimgesucht werden, vom schrecklichen Wind,
in unerhörter Geschwindigkeit und gehorsam herbeigeführt.
Das große, gefüllte Theater wird zerstört,
die hohe Dachmitte über dem Kopf.
Luft, Himmel und Erde verdunkeln und trüben sich.

31. August 1997
Lady Diana stirbt

10/39

Erster Sohn, unglücklicher Witwer. – Glückliche Heirat
in großer Freude zelebriert, aber das Ende ist unglücklich.
Zweimal in die Höhe gebracht durch traurige Geschichten
verachten Vermählter und Mutter die Schwiegertochter.
Großer Blutschwall wird aus ihrem Mund fließen,
der Phybe. tot, und die Schwiegertochter besonders
bemitleidenswert.

Was das geheimnisvolle Kunstwort PHYBE bedeutet, bleibt vorerst unklar, aber der Rest dieses Sechszeilers ist so deutlich und aussagestark formuliert, dass er wohl kaum einer Erklärung bedarf. Ich bin fast sicher, dass wir irgendwann auch den Begriff "Phybe." deuten können, wobei jedoch die Kardinalfrage nach dem Ursprung dieses 'geheimen Wissens' weiterhin rätselhaft bleiben wird.

Verloren, gefunden, verborgen für einen so langen Zeitraum – worauf spielt der Seher mit diesem Satz aus dem ersten Sechszeiler an? Jahrtausendealte Visionen? Eine Botschaft aus der Zukunft? Geheimwissen vom Orden der Templer oder aus der Bibel?

Vieles deutet auch darauf hin, dass Nostradamus zur Loge der Freimaurer gehörte. Die Symbole, die zahlreiche Portraits von ihm schmücken, sprechen da eine sehr deutliche Sprache. Kamen die verblüffend genauen Erkenntnisse über das Wirken und den Werdegang der Menschheit aus altem Freimaurerwissen? Und wenn ja – wie gelangte diese niedergeschriebene Chronik der Menschheit in unsere weit zurückliegende Vergangenheit?

Existiert sie noch? Wissen andere, welche heute die Geschikke der Völker lenken, mehr als wir? Oder ist dieses alte, überlieferte Schriftgut verlorengegangen und wir sind nun auf das angewiesen, was Nostradamus wichtig genug erschien, um es herauszuklauben, niederzuschreiben und neu zu verschlüsseln?

Tausend Fragen ohne Antwort. Und wenn Sie dieses Buch zuende gelesen haben, werden es noch mehr sein. Der Autor dieses Buches kann nur versuchen, das offenzulegen, von dem Michel Nostradamus einmal schrieb, dass nach etwa 500 Jahren 'große Klarheit' herrschen würde.

Ob es nun gelungen ist, das Geheimnis zumindest ein bisschen zu lüften, das muss jeder für sich selbst entscheiden. Das vorliegende Buch erhebt weder Anspruch auf Richtigkeit oder Vollkommenheit, noch maße ich mir an, der Nostradamus-Enthüller schlechthin zu sein. Ich habe einfach nur – wie andere vor und nach mir – gesucht, geforscht, überprüft, und dabei scheinbar Sinnvolles entdeckt – mehr nicht.

Wir alle sollten uns deshalb darüber im Klaren sein – so aufregend, scheinbar offen und deutlich sich die jetzt entschlüsselten Voraussagen auch lesen mögen – dass wir selbst durch sie scheinbar nur einen winzigen, flüchtigen Blick in unsere Zukunft werfen können. Die globalen Zusammenhänge jedoch, werden uns dabei wohl auch weiterhin leider verschlossen bleiben.

Das Rätseln wird also weitergehen und vermutlich wird nach dem Erscheinen dieses entschlüsselten Nostradamus-Werkes noch mehr spekuliert werden als zuvor.

Was meinte der Seher mit der *Stadt der Impfstoffe...*?

Wer ist der *schwarze Krausbart*? Wo steht das Hochhaus mit dem *Stockwerk der Beatmungsmaschinen* ? Was meinte Nostradamus mit dem *tödlichen Blitz aus dem Ring* usw. ?

Lassen Sie sich – das ist ein sehr ernstgemeinter Rat, den ich Ihnen aus meiner Erfahrung als Nostradmus-Autor ans Herz legen möchte: lassen Sie sich nicht von anderen aus dem Gleis werfen. Packen Sie nicht gleich Ihre Container, um auszuwandern, nur weil der ein oder andere etwas Sensationelles herausgefunden haben will. Leben Sie Ihr Leben weiter wie bisher und treffen Sie aufgrund dieses Buches, eigener Nostradamus-Entschlüsselungen oder wegen scheinbar sensationeller Enthüllungen durch Dritte keine voreiligen Schlüsse oder Entscheidungen, die Ihr bisheriges Leben einschneidend verändern!

Nichts ist erwiesen, wenn es auch noch so logisch erscheinen mag! Ein *großer Schreckensherrscher, der vom Himmel kommt*, muss kein Komet sein, der nun auch noch ausgerechnet über Mitteleuropa herabstürzt. Vielleicht ist es ein Regierungschef aus einem unterdrückten Land, der mit seinem Jumbo-Jet zu einem Staatsbesuch anreist, vielleicht eine Heuschreckenplage über Ägypten oder schlicht und ergreifend einfach nur eine falsche Prophezeiung.

Hier in Panik zu verfallen, wäre unangebracht und voreilig. Nichts ist wirklich unausweichlich. Auch die Zukunft nicht, an der jeder von uns jetzt und heute mitgestaltet. Und daran werden auch die nachfolgenden Prophezeiungen nichts ändern, die nun klarer und deutlicher sind als alles, was wir bisher zu lesen bekamen...

Die neuen Sechszeiler

Der Nostradamus-Schlüssel unterteilt jede Centurie in mehrere Blocks und verlangt, dass bestimmte Zeilen, die dem Seher zur Ausschmückung dienten, gestrichen werden. Erst danach werden die Zeilen nach einem vorgegebenen Schema aus den verschiedenen Blocks zu neuen Sechszeilern zusammengesetzt.

Insbesondere die Streichung zahlreicher Zeilen hat zwangsläufig zur Folge, dass nun die bekannten früheren Versnummern entfallen. Der besseren Übersicht wegen habe ich daher alle Sechszeiler durchlaufend neu numeriert. Auf meiner Webseite *http://nostradamus-prophezeiungen.de* wird die komplette 'Ur-Version' aller Centurien und Briefe in deutscher Sprache und in Französisch vorgestellt – also die ursprünglichen Vierzeiler, Presages, Begleitbriefe und Sechszeiler des Sehers, womit Sie die Möglichkeit haben, diese ursprüngliche Fassung mit den neuen entschlüsselten Sechszeilern zu vergleichen.

Nachfolgend stelle ich Ihnen nun die interessantesten und wichtigsten Voraussagen vor – als Sechszeiler nach dem neu geknackten Nostradamus-Schlüssel zusammengestellt. Diese Prophezeiungen wurden des besseren (geschichtlichen) Verständnisses wegen von mir mit einem Kommentar versehen.

Bitte, haben Sie dafür Verständnis, dass ich aus Platzgründen nicht alle Voraussagen für die vergangenen 450 Jahre vorstellen kann, was den Rahmen dieses Buches gewiss gesprengt hätte.

Diese 'Einsparung' von Versinterpretationen bezieht sich nur auf Voraussagen zu früheren geschichtlichen Ereignissen, vor allem auf die anderer Länder. Dies bedeutet, dass z.B. in der deutschsprachigen Ausgabe alle wichtigen Prophezeiungen vorgestellt werden, die auf deutschsprachige Länder bezogen sind. Jedoch diese für Deutschland, Österreich oder die Schweiz interessanten Vorhersagen fehlen in englischsprachigen Ausgaben, in denen dafür zusätzlich geschichtliche Ereignisse – speziell für diese Sprachregionen – vorgestellt werden.

Dies bedeutet aber nicht, dass *allgemein wichtige* und interessante Voraussagen in der vorliegenden Buchausgabe gestrichen wurden, sondern dass man in der französischen Version wesentlich mehr Sechszeiler über die Wirren der französischen Revolution, die Feldzüge Napoleons und Allgemeines über Frankreich finden wird, als z.B. in einer deutschen oder englischen Sprachfassung, wo die geschichtlichen Internaas eben dieser Länder intensiver behandelt werden.

Ich denke, dass wir damit einen guten Weg gefunden haben, all das an Voraussagen vorzustellen, was für unsere Gegenwart relevant ist, auch wenn dabei längst zurückliegende, geschichtliche Ereignisse aus anderen Ländern – und nur diese – etwas stiefmütterlicher behandelt werden.

Spätestens dann, wenn man die Höhepunkte der ersten Centurie liest, wird man erkennen, dass all die kleinen regionalen Ereignisse von längst vergangenen Seegefechten und Schlachten sowie das heute schon fast vergessene Gerangel zwischen den europäischen Königshäusern und ähnliches nicht zwingend die sehr viel aufregenderen Prophezeiungen zu unserer Gegenwart und Zukunft bereichert hätten...

Die Höhepunkte der 1. Centurie

(Einführung)

1

Allein, beruhend auf den unerschütterlichen Gedanken
fällt nachfolgend das Vorzeichen zur Nachtstunde.
Verloren, gefunden, verborgen für einen so langen Zeitraum,
was in langer Zeit zusammengetragen wurde,
hervorbringend, woran man nicht vergeblich glauben soll.
In jener Zeit, vollendet und ausgezehrt, meine Prophezeiung.

Holocaust und Judenverfolgung

2

O welch schreckliche und unglückselige Pein!
Sie werden verjagt ohne langen Kampf,
Zuwiderhandelnde werden ins Martyrium getrieben:
ein Schrecken – und Zischen durch die Belüfter!
Ach, dass man ein großes Volk gepeinigt sehen wird!
So geschehen durch kopflose Idioten.

Die Verfolgung der Juden im Dritten Reich, deren Qualen, Verjagung und der Schrecken der Todeskammern bilden den Auftakt der ersten Centurie. Nostradamus, der selbst jüdischer Abstammung war, hat die Voraussage der entsetzlichen Greueltaten sicherlich ganz bewußt an den Anfang seiner Prophezeiungen gestellt und die Henker des verabscheuungswürdigen Naziregimes erschüttert als 'kopflose Idioten' bezeichnet.

Das Wort 'Belüfter' aus der vierten Zeile kommt aus dem altfranzösischen maritimen Sprachgebrauch. In den Vierzeilern wurde es meist (passend zum Rest des Vierzeilers 2/1) als 'Ärmel' oder 'Griffe' übersetzt. Durch die neue Zusammensetzung der Zeilen bekommt nun erstmalig das französische Wort *man-*

ches als 'Belüfter' übersetzt, einen begreifbaren Sinn – Gasleitungen in den als Duschräumen getarnten Todesfallen...

Hiroshima und Nagasaki

4

Spät eingetroffen wird die Vollstreckung durchgeführt.
Wenn die Sänfte vom Wirbel zu Boden geschlagen,
glaubt man, nachts die Sonne gesehen zu haben.
Kind ohne Hände, nie sah man je einen derartigen Blitz!
Sehr kurz danach wird die Erde beben,
wird großes Feuer in übereinanderliegenden Nächten vom Himmel fallen.

Zweiter Weltkrieg, 1945: Der Abwurf der ersten beiden US-Atombomben über Hiroshima (am 6. August) und Nagasaki (am 9. August). Vier Monate nach dem Fall Hitler-Deutschlands, also spät, "wurde die Vollstreckung", die Bombardierung Japans, durchgeführt. Mit dem Abwurf der beiden Atombomben war der 2. Weltkrieg praktisch zuende. Die Sänfte (das japanische Kaiserhaus) war zu Boden geschlagen – Japan kapitulierte.

Der grelle Lichtblitz, das furchtbare Donnern der Explosionen und die Verstümmelungen der Kinder, die nach 1945 in Japan geboren wurden – dies alles wird hier sehr eindrucksvoll und anschaulich geschildert.

Die Seeschlacht von Lepanto

9

Aus dem Morgenland kommt das punische Herz,
dem Neptun das schwarze Segel zusammenlegen wird,
erzürnt Hadrie und die Erben Romulides.
Nach kurzer Rast rudern sie ins Reich –
Schwerter, Feuer, Wasser, Schlacht gegen die edelen Römer.
Sie werden wegen der Venezianer keine Flotte mehr haben.

Die große Seeschlacht von Lepanto, 1571. Venedig und Rom bilden eine Allianz gegen die überlegene Osmanische Flotte. Die Heilige Liga erringt in den griechischen Gewässern bei Lepanto einen grandiosen Sieg über die Seestreitkräfte des Osmanischen Reichs. Sie war gebildet worden, um das Expansionsstreben und die Übermacht der Osmanen im Mittelmeer aufzuhalten.

Schreckens-Szenar der Zukunft?

15

Böses, und vorausgesagt durch den bevollmächtigten Überbringer:
Lange Zeit wird ein grauer Vogel am Himmel zu sehen sein,
große Feuerflut, mehr noch durch unwissende Regierungen
und vier Arme – einige Jahre insgesamt wird es leben.
Derjenige, dem die Aufgabe zukommt, zu zerstören,
er muss wohl dahinkommen, in das Höchste einzuwilligen.

Ein Sechszeiler der Gegenwart oder Zukunft?

Hier scheint sich etwas bereits angekündigtes, vielleicht durch einen Botschafter (?) dramatisch zu erfüllen. Eine Interpretation fällt schwer, denn der 'graue Vogel am Himmel' könnte symbolisch gemeint sein, aber ebenso etwas in der Luft fliegendes beschreiben. Überheblichkeit oder Unwissen lassen die Gefahr einer gigantischen 'Feuerflut' nicht rechtzeitig erkennen, was zu unbeschreiblichen Schäden führt, die einige Jahre anhalten (Verstrahlungen, Seuchen, biologische Kampfstoffe?).

Undeutbar sind ebenfalls die 'vier Arme' die mit diesem Unheil verknüpft zu sein scheinen. Am Ende wird dann jener, der zerstören sollte, 'in das Höchste einwilligen' (selbst den Tod finden, Verträge akzeptieren...?) Eine mehr als geheimnisvolle Voraussage...

Neuer Terror oder 11. September 2001?

17

Der/das Große stürzt durch einen Blitz zur Tagesstunde,
lässt den Lenker der neuen Stadt erzittern.
Wiedererweckt durch bösartige Leute
kommt das Eisen mit dem Tod seiner Geschicklichkeit
in die neue Stadt. Beinahe zur Verdammnis,
das vollkommene Feuer diabolischer Zusammenkunft.

Dieser Sechszeiler fällt in unsere Zukunft und beschreibt ein Ereignis, das dem der Attacke vom 11. September 2001 auf das *World Trade Center* in New York zu gleichen scheint. Der Text verweist uns leider in die Schranken unser Interpretationsmöglichkeit, wenn es sich um zukünftige Ereignisse handelt. Man kann den Sechszeiler nicht korrekt deuten und ist auf Spekulationen angewiesen.

Deutschland nach dem Krieg

18

Die vergangenen Greuel dezimierten die Erde.
Bevor es zur Änderung der Regierung kommt,
im Aufbruch wird ihre Stärke geteilt sein.
Lange Zeit Friede auf der entvölkerten Welt,
Länder geteilt, den Soldaten bewilligt,
dann wird das große Volk durch Wort und Tat gefestigt sein.

Deutschland nach dem Zweiten Weltkrieg. Mit dem Wiederaufbau trennen sich Ost und West ("wird ihre Stärke geteilt sein"). Es sind Besatzungszonen eingerichtet worden, die USA, Frankreich, England und Russland haben ihre Militärs dort stationiert und bestimmen die deutsche Politik. Dann festigt sich das einst entfesselte 'Großdeutschland' und entwickelt sich zu einem verantwortungsvoll regierten politischen Partner der früheren Westmächte.

Die Entdeckung des Urans

19

Das, was lebt und keinerlei Sinne besitzt
wird den Erfinder von äußerst ungerechter Seite veredeln:
Gefunden, stirbt das Auge von der Kraft geblendet,
dann in einem Augenblick unzuverlässig und instabil,
am Ende zersplittert – blitzartiges, lebendiges Zerstören,
wird oftmals zurückkehren, dann allumfassend sein.

Entdeckung des Urans, Erfindung der Atombombe: Besser kann man die Teilung von Atomkernen kaum beschreiben. 'Veredelt' wurde der Erfinder der ersten Atombombe durch den Einsatz der ersten beiden Bomben in Japan, 1945. Die Anwendung von spaltbarem Material zur Energiegewinnung (Atomkraftwerke) gehört zwar zu den technischen Höhepunkten des vergangenen Jahrhunderts, ist jedoch umstritten.

Supergau in Südfrankreich?

20

Im Ort der Furcht wird einer dem anderen helfen,
wenn das schreckliche Monster nahe Orgon geboren wird.
Seine Form fremdartig, anmutig und schrecklich!
Das, was sich über eine lange Zeit nicht wieder erholen kann,
verdunkelt der Mond in tiefer Finsternis.
März, April, Mai, Juni, großes Zerfressen und Krätze,

Umweltschock der Zukunft? Orgon liegt an der Durance in Südfrankreich (nahe Marseille). Hier steht der Aufbereitungsreaktor von *Cadarache,* verbunden mit einem Atom-Testinstitut – ein ungeliebtes Kind der Franzosen, da hier MOX-Versuche und Brennstäbe ausschließlich für Deutschland gemacht werden und es auch schon zu kleineren Störfällen kam. Was Nostradamus in diesem Sechszeiler beschreibt, klingt jedoch nach einem schrecklichen Supergau großen Ausmaßes. Vorausgesetzt, er meint mit dem "Monster aus Orgon" tatsächlich die atomare Versuchsstation von Cadarache.

Umweltschock, Nordeuropa

21

Vierzig Jahre wird sich kein Regenbogen dartun,
Städte, gedrückt durch die plötzliche Veränderung.
Es wird fast die ganze nördliche Ecke beherrschen.
Vierzig Jahre lang werden alle Tage kraftlos sein,
entartet durch Wissenschaft und Waffen –
so werden viele eine Versammlung außerhalb meiden.

Ein Umweltkollaps im nördlichen Europa, der über 40 Jahre lang die nördlichen Zonen beherrschen wird. Die 'kraftlosen Tage ohne Regenbogen' deuten wohl an, dass das Sonnenlicht nur schwach die Wolken- oder Staubdecke über der Erde durchdringen kann. Das Ganze wird vermutlich durch wissenschaftliche Experimente (militärischen Ursprungs) eingeleitet.

Da man sich in dieser Zeit kaum nach draußen wagt, wird es 'außerhalb' sicherlich nicht nur dunkel sein, sonder auch lebensbedrohend oder gesundheitsgefährdend. Diese Prophezeiung klingt nach der biologischen oder chemischen Verseuchung einer ganzen Region.

Die Türken vor Wien

24

Es zittern Wien und die Länder Österreichs;
durch Sprachen östlicher Ordnung werden Zelte gespannt
und ein Durchgang für die Mohammedaner geöffnet sein.
Mit zwei Königen, geeint durch Freundschaft,
kämpfen Leopard und Eber auf dem Kriegsfeld,
erblicken ergötzend einen um die Sonne kreisenden Adler.

Eine interessante Darstellung aus dem Jahr 1683, wo die Türken vor den Toren Wiens stehen und durch den Verbund Polens mit dem deutschen Kaiser Leopold (*Leop*ard und Eber!) in der Schlacht am Kahlenberg die Osmanen so vernichtend schlagen, dass der osmanische Oberbefehlshaber, Großwesir Kara Mustafa Pascha, im Dezember hingerichtet wird.

Umwelt- und Wirtschaftskollaps

25

Zwanzig Jahre Regentschaft des Mondes vergehen,
dann, nach langem Zyklus kehren seine schlechten Zeiten zurück.
Aber wenn der Mond seinen großen Zyklus beendet,
wird es in Burgund (Mittelfrankreich) enorm donnern.
Hagel und Eis verursachen großen Schaden durch Hexerei,
Der Honig wird viel teurer sein, als Wachs.

Auch das klingt nach einer Umweltkatastrophe in Frankreich. Nach einer gewaltigen Detonation (verursacht durch 'Hexerei'?) spielt dann für lange Zeit das Wetter verrückt. Die Lebensmittel werden knapp, müssen importiert werden, und werden dadurch teurer als 'Wachs' (so bezeichnete man früher symbolisch eine Lichtquelle = Wachslichter.) In Lyon, dem Zentrum der französischen Chemiefabriken und Raffinerien, könnte theoretisch der Auslöser für diese Katastrophe liegen.

Leider kann man den Sechszeiler zeitlich nur schlecht einordnen. Die Angaben über die Mondzyklen helfen hier nicht weiter.

Hier nun Zwei Napoleon-Prophezeiungen, wie sie ausdrucksvoller kaum sein könnten. Das Leben des Aufsteigers bis zu seinem Untergang wird hier in zwei Sechszeilern geschildert:

Napoleon übernimmt die Macht

26

Geheimes Vorzeichen für einen, der eingepfercht wird:
Ein Kaiser, geboren in der Nähe von Italien,
wird durch eine neue Obrigkeit hervorgezaubert,
wodurch das Ende Frankreichs seinen Anfang nimmt.
Wechsel von Regierungen und des Jahrhundert-Zyklus,
extreme Schrecken und Rache.

Das Wirken Napoleons

27

Ewiger Gott, welche Veränderungen!
Die Ratsversammlung wird wegen dem Kahlkopf sterben.
Dann Monate, dann Jahre, dann wird alles so schwach werden,
Durch Land und Meer, Sturm in den Morgenländern,
wird das Blutvergießen groß sein!
Hagel und Sturm wird sie seufzend machen.

Ab 1795 macht ein junger Brigadegeneral, geboren auf der Insel Korsika, von sich Reden. Vier Jahre später reißt er in Frankreich die Macht an sich und beendet damit die seit Jahren andauernde blutige Revolution. Seine siegreichen Feldzüge wirbeln ganz Europa durcheinander – Frankreich weitet sich enorm aus, der Klerus wird entmachtet, das einst mächtige Heilige Römische Reich deutscher Nation wird aufgelöst.

Napoleon ist der mächtigste und wohl auch gefürchtetste Mann in Europa. Seine Brüder und Geschwister regieren mit Königswürden über Westfalen, Holland, Spanien, Italien. Er besiegt schließlich Preußen, scheitert aber bei dem Versuch, sich auch den russischen Bären einzuverleiben, am russischen Winter.

Ab 1812 wendet sich sein Schicksal. In Spanien werden seine Truppen besiegt; Russen, Preußen und Österreicher bilden eine Allianz und jagen ihn über den Rhein zurück – das Ende von Frankreich ist besiegelt. 1814 muss der 45jährige Kaiser und Feldherr abdanken und ins Exil nach Elba gehen. Er zieht zwar ein Jahr später wieder in Paris ein, wird dann aber 100 Tage später bei Waterloo so vernichtend von England und Preußen geschlagen, dass er erneut abdanken muss.

Die Grenzen Frankreichs werden von den Siegermächten auf den Zustand von 1790 festgelegt. Napoleon Bonaparte wird auf die kleine südatlantische Insel St. Helena verbannt, wo er praktisch unter der Aufsicht Englands, bis zu seinem Tod im Jahr 1821, als Gefangener leben muss. Es existieren noch eine Menge anderer Sechszeiler über diese Schreckensepoche, die hier aber nicht alle aufgeführt werden können...

Der folgende Sechszeiler ist nicht leicht zu interpretieren. Mit Löwe und Hahn könnten Frankreich (der gallische Hahn) und England oder Deutschland gemeint sein. Wo die Voraussage zeitlich einzuordnen ist, lässt sich ebenfalls kaum bestimmen. Vergangenheit – Zukunft...? Europa, Naher Osten – ich kann diese Vorhersage nur schwer einordnen:

Ein neuer islamischer Führer?

29

In Kürze wird es wieder zu Opfern kommen.
Löwe und Hahn, nicht sehr verbündet,
Der schwarze Krausbart wird stark zum Reich halten.
Durch Sekten, verwirrte und gespaltene Welt,
im Schnabel einen grünenden Zweig,
wird er von einem markanten Namen hervorgebracht.

Aufstieg und Fall Adolf Hitlers

32

Durch Sühnung und Wiederaufbau, der neue Kriegsgott,
veranlasst die Schwaben, ihren großen Vertrag zu brechen.
Sein Aufsehen wegen engstirniger Fanatiker, seiner Sprache und Macht,
seine ausgeschmückte Sprache trifft auf viele offene Ohren.
Weiterhin der Feind im Feuer; Soldatenblut.
Bald mächtig, wird er sterben, den Krieg beendend.

Es existieren zahlreiche weitere Voraussagen zum Thema des Holocaust, Adolf Hitler und über den Zweiten Weltkrieg. Dieser Sechszeiler verweist auf die Ursachen und Hintergründe, die den Aufstieg Nazideutschlands erst ermöglichst haben und beleuchtet den Werdegang des Diktators.

Der Aufstieg Adolf Hitlers und der NSDAP, gefördert durch den erdrückenden Versailler Vertrag, wird hier eindrucksvoll dokumentiert. Hitler beginnt – was durch den Versailler Vertrag ausgeschlossen wurde – wieder aufzurüsten und zeigte sich als der brillante Rhetoriker seiner Zeit. Er entfachte neue Kriege, aber mit seinem Tod und der Niederlage im Jahr 1945 ist die Ära vom Traum des Tausendjährigen Reichs ausgeträumt.

Kaum auf dem Höhepunkt seiner Macht, setzt Hitlers Tod den Schlusspunkt unter den Zweiten Weltkrieg.

Eine Entdeckung im Inneren der Erde

34

Wenn man von Gold, von Geld, neue Minen finden wird,
was durch die Tiefe der Erde milchigweiß erscheint,
– gemischt, übertragen auf den nussbraunen Stein,
ist man unnützerweise verwirrt, wagt nicht, es zu berühren.
Bald wird man erkennen und deutlich umschwenken.
Nicht weit von dort ist der Schatz verborgen.

Eine sehr eigenartige Voraussage und schwer zu deuten. Diese Prophezeiung fällt in unsere unmittelbare Zukunft und sollte sich bis zum Jahr 2016 erfüllt haben. Der Sechszeiler behandelt die Zufallsentdeckung von etwas Unbekanntem aus dem Erdinneren. Das, was in der Tiefe milchigweiß erscheint, lässt sich mit einem nussbraunfarbenen geologischen Material zu etwas Neuem verbinden, was die (wie man zunächst vermutete) gefährliche Substanz neutralisiert.

Und nicht weit vom Fundort entfernt stößt man dann auf grosse Vorkommen von dieser geheimnisvollen Substanz...

Alliierte Landung in der Normandie

35

Seehilfe wird aus der Nähe des großen Walls kommen,
wenn der Land- und Wasserfisch
in der Nähe des nicht bekannten Hafens angreift.
Bevor man den Himmel unbewölkt sieht. Schwert und Lanze,
Das fremdartige Schiff wird durch den Meeressturm
mit kräftiger Woge auf den Kiesstrand getragen.

6. Juni 1944: Die größte amphibische Invasion der Geschichte beginnt mit der Landung alliierter Streitkräfte in der Normandie. Landungsboote, Flugzeugstaffeln und Kriegsschiffe tauchen im Morgengrauen an der Küste Nordfrankreichs, in "der Nähe des Walls" auf (Atlantikwall/Westwall). 619 000 alliierte Soldaten lassen trotz heftiger Gegenwehr schließlich die deutsche Abwehrfront zusammenbrechen!

Der Tag war von den Alliierten sorgfältig ausgewählt worden, da die Wettersituation bei der Landung, eine wichtige Rolle spielte. Hitler hatte eine mögliche Invasion stets bei Calais erwartet – eine Landung in der Normandie hielt er für unmöglich. Kurz vorher ("Schwert und Lanze") bombardierten deutsche Luftwaffenverbände London, und die Sowjets starteten im März auf einer Breite von 1100 km ihre große Frühjahrsoffensive. Erstmalig kamen auch die deutschen "Wunderwaffen", V1-Raketen, zum Einsatz, die aber den Vormarsch der Alliierten nicht mehr aufhalten konnten.

Eine seltsame Voraussage

36

Aus dem Wasser kommend wird Dreifachheit geboren:
Die Sache wird sich sehr erstaunlich und wundersam zutragen,
wenn man das Schwein, halb Mensch, sehen wird,
vom heißen Wind mitgeführt, überzogen mit roter Erde.
Vom sechsten hellen, himmlischen Glanz
zieht sein Bruder rostfarben vorbei.

Eine Voraussage, die das Zusammenspiel eines kosmischen Ereignisses mit einer aus dem Meer auftauchenden Erscheinung/Insel beschreibt? Die Prophezeiung ist nicht leicht zu verstehen, wobei der 'rostfarbene' Bruder, der vom 'sechsten hellen, himmlischen Glanz vorbeizieht' besonders faszinierend ist. Ein Komet...? Und was kann es sein, das als Triplizität aus dem Wasser kommt – halb Mensch, halb Schwein...?

Die DDR – Aufstieg und Revolten

37

Die elende, unglückliche Republik:
Aufstand durch Gesetze, Unbill und Monopole –
zwei Aufstände, bewirkt durch den bösen Sichelführenden.
Die Freiheit wird dennoch nicht wiedererlangt.
Der Große wird seine Brüder als Duplikat nachmachen,
sich weit entfernend, große Verträge verderbend.

Die Entstehung und Entwicklung der DDR nach dem Zweiten Weltkrieg. Volksaufstände, Unterdrückung und die immer mehr zunehmende Abkapselung zur westlichen Welt. Durch den Bau der Mauer wurde die Freiheit für Jahrzehnte eingeschränkt. Der große Bruder (die UDSSR) wurde zum Vorbild der Ostblockländer. Zu diesem Thema gibt es noch zwei faszinierende Voraussagen in der zehnten Centurie...

Konfliktherd Europa

38

Sicheres Reisen durch Himmel, Erde, Meer und Wellen.
Wenn die Säulen des großen Waldes zittern,
nimmt das vorausgesagte Böse vom großen Fürsten Besitz,
dass Land, Meer und Luft, Himmel, äußerst ungerecht werden.
Unter dem Gegensatz des babylonischen Klimas
entstehen dann von neuem die Kriege.

Die Welt nach dem Zweiten Weltkrieg. Eine Zeit des Friedens folgt. Man vergnügt sich wieder, unternimmt weite Flug- und Schiffsreisen. Dann jedoch, wenn die Bäume der großen Wälder zu sterben beginnen, (Waldsterben in Europa) nimmt das Böse von einem 'großen Fürsten' Besitz (Babylon = Irak) und es entstehen von neuem Kriege. Der Sechszeiler beschreibt eine längere Epoche und endet wohl mit dem Golfkrieg 1991.

USA, 11. September 2001

Terroranschlag, auf das World Trade Center

39

Wenn die Sonne ihre ermüdenden Tage aufnimmt,
kommt der Raubvogel am Himmel, sich zu zeigen.
Mehr den Steinen als den Lebenden wird er schaden.
Die große Hilfe wird nach Antiochia (Vorderasien) gehen.
Nach dem Sieg werden die Gefangenen verschont,
den harten Bart werden sie am Spieß braten.

Die erste Zeile wurde früher gerne als Teil einer Endzeitprophezeiungen angesehen. In diesem Zusammenhang jedoch und mit der entschlüsselten Jahresangabe von 2001 wird klar, dass hier lediglich eine Jahreszeit – der Herbst – gemeint ist.

Der Raubvogel am Himmel steht hier wohl symbolisch für die Luftattacke Bin Ladens auf das New Yorker *World Trade Center* im September 2001, die mehr den Gebäuden als den Lebenden geschadet hat. – 'nur' 4137 Tote, obwohl sich zuweilen bis zu 60.000 Personen in den Gebäuden aufhielten! Die gleiche Zahl, 4137 legte Nostradamus übrigens als Tag Null der biblischen Zeitrechnung fest...

Einen Monat nach dem Terroranschlag beginnen dann die Luftangriffe der USA auf Afghanistan (Antiochia). Bei den Angriffen werden Zivilisten verschont, danach neue Regierungen eingesetzt. Der "harte Bart" dürften die Taliban (oder Bin Laden selbst) sein, deren Widerstand rasch gebrochen wurde.

Umweltschock der Zukunft?

41

Das draußen erstarrte Feuer aus der Mitte der Erde
wird nach kurzer Zeit wieder zu Atem kommen.
Hierauf wird das Monster der drei-grässlichen Bestie geboren.
Die Erde verdorrt. – In wachsender Trockenheit,
die Wurzeln von den Bäumen. Und dem Kind an der Brust
sind durch Schrecklichem die Tore verschlossen.

Umweltschock der Zukunft? Eine Interpretation fällt schwer. Nach einem Vulkanausbruch, wenn die Lava zu erstarren beginnt, wird durch eine 'drei-grässliche Bestie' ein neues 'Monster' geschaffen. So heftig, dass die Erde bis hinunter ins Wurzelwerk der Bäume vertrocknet. Kleinkindern und Säuglingen kann wegen "etwas Schrecklichem" nicht geholfen werden...

Dies alles könnte auf eine schreckliche Hungersnot hinweisen, hervorgerufen durch einen heftigen, aber sehr mächtigen Vulkanausbruch...

Ajatollah Khomeini und die Islamische Revolution

42

Der zu starke Glaube widersetzt sich dem Herrscher.
Der Große, lange Zeit versteckt unter der Dunkelheit,
weit weg von seiner Heimat, bei fremden Sitten und Sprachen,
wird den Dolch in die blutreiche Wunde halten.
Regen, Hunger, Krieg, hören in Persien nicht auf.
Der Pfarrer/Hirte wird wie ein Halbgott verehrt.

Im Februar 1979 kehrte der persische Schiitenführer Ajatollah Khomeini nach über 15jährigem Exil in den Iran zurück. Die islamische Revolution steuerte damit auf ihre blutigen Höhepunkte zu. Die ehemaligen Anhänger des Schahs flüchten außer Landes oder werden in Schnellgerichten zum Tode verurteilt.

Täglich kam es zu öffentlichen Hinrichtungen und Gewaltakten durch fanatische Moslems. Khomeini, der anderthalb Jahrzehnte 'weit weg von seiner Heimat, bei fremden Sitten und Sprachen' in Frankreich gelebt hatte, wurde in seiner Heimat, dem Iran, wie ein Halbgott verehrt.

Die Restzeilen der ersten Centurie

Nach vorangegangener Streichung der von Nostradamus angegebenen 'Blindzeilen' (Kapitel "Der Schlüssel") und dem anschließenden Zusammenfügen der neuen Sechszeiler verbleiben am Ende in den Centurien jeweils 21 Restzeilen. Hintereinander gelesen schildern diese Textblocks jeweils ein zusammenhängendes Ereignis. Der 21-Zeiler der ersten Centurie richtet sich hauptsächlich gegen die Anfeindungen, denen der Seher in seiner Zeit ausgesetzt war und verweist auf das Unverständnis, dass man damals seinen Voraussagen entgegenbrachte...

Winzige Flamme dringt aus der Einsamkeit,
bringt hervor, woran man nicht vergeblich glauben soll.
Übernatürlicher Strahlenglanz, dem Wahrsager nahe.
Die Alten und Vorfahren steigen aus den Tiefen der Hölle,
aber sterbend sehen sie ihre tote Frucht und schreien,
wegen jenem, den sich nicht anhören wollen
in seinem hohen Trog der Erhebung!
Der glaubende Teil besteht wegen guter Voraussagen fort:
Gift in den Buchstaben, innerhalb der Falten versteckt,
Tage werden durch Wochen reduziert,
das bewegliche Zeichen mischt sich an seinem Ort.
Derjenige, welcher zur Zeit die Neuigkeiten überbringt,
im Verdacht suspekt zu sein, schlecht von Wächtern behandelt
– kurz bevor der die Frau geheiratet haben wird –
seine Stütze, sein Ansehen werden mit einem mal gering.
Gotteshäuser und Sekten, verändern durch Einbildungskraft
das, was Schwert, Flamme, nicht vollenden konnten.
Durch Ruhe, Nachdenken, wird der König überlegen –
das Oberhaupt, das unendliche Völker geführt haben wird.
Oh, welchen Seufzer wird der große Spielleiter machen!

Der Ursprung

In dem 21-Zeiler der achten Centurie (21-Zeiler, das sind die Restzeilen, welche in jedem Kapitel übrigbleiben) deutet Nostradamus an, wie er an die Voraussagen gelangte – ziemlich dunkel zwar, aber dennoch sind seine geheimnisvollen Hinweise deutlicher als alles, was wir bisher über den Ursprung der inzwischen weltbekannten Vorhersagen wussten.

Will man seiner Schilderung Glauben schenken, dann wurden ihm die Prophezeiungen, welche auch mit Bildern – vielleicht sogar mit Fotos (!) – versehen waren, von Katharina von Medici überreicht, der Gattin des bei einem Turnierunfall (1559) umgekommenen französischen Königs, Heinrich II.

Lange Zeit vorher muss eine Gruppe von Handwerkern, die bei Ausgrabungsarbeiten auf ein uraltes Kellergewölbe stieß, im Schein ihrer flackernden Kerzen und Fackeln etwas sehr Beeindruckendes entdeckt haben. Nach Nostradamus handelte es sich bei dem sensationellen, aber geheimgehaltenen Fund um ein *"Schriftstück vom Kaiser des Phönix"*.

Die ganze Geschichte, auf 21 Zeilen zusammengefasst, klingt aufregend, geheimnisvoll, aber auch sehr ehrlich. Und es spricht für den Seher, dass er sich nicht mit fremden Federn schmückt, sondern – hat man sein Werk erst einmal entschlüsselt – offen zugibt, nicht der Urheber dieser Prophezeiungen zu sein. Und nun wird auch deutlich, warum Nostradamus in der Blütezeit der Inquisition und unter dem Schutz der Maria von Medici völlig unbeschadet seine prophetischen Voraussagen veröffentlichen durfte: das französische Königshaus war eingeweiht und es könnte ihn sogar mit der Veröffentlichung in verschlüsselter Form beauftragt haben!

Wie genau dieses Ur-Prophezeiungswerk beschaffen war, darüber können wir heute nur spekulieren. Ich selbst liebäugele mit der These, dass es sich um eine Art von 'Weltchronik der Menschheit' handelte – entstanden in der Zukunft und auf ungewöhnlichem Weg in unsere Vergangenheit gelangt. Andere tendieren vielleicht zu einem Jahrtausende alten Geheimwissen, das auch die Basis biblischer Prophezeiungen gewesen sein könnte. Letztlich muss sich jeder selbst fragen, wo die Wurzeln dieser uralten Prophezeiungen zu suchen sind, welche Nostradamus so umschreibt:

Die 21 Restzeilen der 8. Centurie:

Dann, wenn beim Duell der Löwe durchdrungen wird,
Tempel wird geschmückt, strahlend erscheinen,
wenn man den großen Hahn im Sarg sehen wird –
von der Blume abzustammen, wird Ursache für seinen Tod sein:
Eine Zeit davor, durch Jung und Alt berauscht,
Briefe gefunden in den Truhen der Königin.
Keine Aufschrift, ohne irgend einen Namen des Verfassers:
Das Schriftstück vom Kaiser des Phönix
demjenigen gezeigt, was noch keinem anderen zuteil wurde!
Bei der Entdeckung, alle matt und verwirrt:
Unter dem Gebäude des Saturn, Urne gefunden,
erbauend ein Stück weiter, ein Theater,
Pflastersteine aus Marmor, von entfernten Türmen ausgebrochen.
Während zweimal hoch und zweimal nach unten gemacht
und im uralten Keller mit der Lampe entdeckt:
Heilige Bilder, flackernd in brennender Kerze!
Aus schrecklicher Furcht wird man nichts sehen, was sich bewegt
und für einige Zeit verstopfen,
wo die Substanz des körperlichen Geistes
wiederhergestellt, und als wahrer Sitz erhalten wird –
von oben nach unten, durch das Untere zum Höchsten!

Ein faszinierender 21-Zeiler!

Im ersten Teil umschreibt Nostradamus, wann und wo man auf die alten Schriften und Bilder stieß. Diese Hinweise sind unmissverständlich und geben als Fixpunkt den tödlich endenden Turnierunfall von Heinrich II. (der gallische Hahn) in

Frankreich an (1559), welcher das Zeichen der drei Lilien in seinem Wappen trug – die 'Blume' als Herkunftssymbol derer von Valois!

Vermutlich offenbarte Katharina von Medici einige Zeit vor dem Tod des Königs dem Seher, dass in ihrer Truhe ein recht ungewöhnlicher Schatz schlummere, der ihn, Nostradamus, sicherlich faszinieren würde. Vielleicht holte sie sogar seinen Rat ein, bat ihn, den belesenen Doktor, der sich bereits seit Jahren mit Prophezeiungen befasste, sich mit dem seltsamen Fund auseinanderzusetzen. Sie unterrichtete Nostradamus darüber, wo und unter welchen Umständen das uralte Buch (oder was auch immer) entdeckt worden war, womit er dann in den engen Kreis der Eingeweihten aufgenommen war.

Überraschenderweise führt Nostradamus in diesem bisher unbekannten 21-Zeiler noch einmal den Tod seines Königs Henri II auf – fast noch deutlicher als im Originalvers 1/35, aber auch in Anlehnung an diesen Vierzeiler (*dann, wenn beim Duell der Löwe durchdrungen wird).* Hierbei handelt es sich also um eine echte Voraussage, denn das Buch erschien 1555, Henri II aber starb erst vier Jahre später im Jahr 1559. Da Nostradamus mit diesen Zeilen einen zeitlichen Anker setzte ("einige Zeit davor" habe man bei Ausgrabungen die geheime Botschaft vom Kaiser des Phönix entdeckt), muss sich für ihn der (zu dieser Zeit noch gar nicht eingetroffene) Tod Henris als absolut sicher und unumstößlich dargestellt haben.

Woher nahm der Seher diese Gewissheit, dass er dessen Tod als ein markantes zeitliches Zeichen setzte? Ich denke, dass die Antwort nur so lauten kann: Das, was er in diesem "Schriftstück" sah oder las, war so präzise und durch bereits eingetretene Ereignisse so unwiderlegbar, dass die darin aufgezeigten (für ihn) zukünftigen Ereignisse ebenso folgerichtig eintreffen mussten. Eine derartige Sicherheit bezieht man jedoch kaum aus einem geheimnisvollen, düster geschriebenen Prophezeiungsbuch, sondern eher aus der unmissverständlich formulierten Sprache eines Geschichtsbuches oder einer Menschheitschronik, deren geschilderte Ereignisse aus zurückliegenden Jahren sich als absolut korrekt erweisen.

Es liegt also nahe, dass die von Nostradamus verschlüsselten Voraussagen, nicht seiner prophetischen Gabe entsprangen, sondern – wie er ja nun selbst durchblicken lässt – einen realen Hintergrund aus anderer Quelle haben. Woher aber stammt nun dieses Wissen um den Werdegang der Menschheit? Wer war jener geheimnisvolle 'Kaiser des Phönix'...?

Dieser sehr wichtige Hinweis über den Urheber der gefundenen Schriften und die 'heiligen Bilder' lässt zahlreiche Thesen, selbst die abenteuerlichsten, zu. Um derartige Theorien jedoch zu rechtfertigen, sollten wir uns zunächst über die außergewöhnliche Qualität der Voraussagen – die ich nun bewusst nicht als 'Prophezeiungen' bezeichne – klar werden. Einige Beispiele von Vorhersagen für unsere gegenwärtige Zeit mögen verdeutlichen, warum es schwer fällt, ausschließlich an visionäre Eingebungen zu glauben. Sie sind oft so verblüffend und präzise, dass selbst ein prophetisch begabtes Universalgenie die Ereignisse in dieser Form wohl nie visionär vorhersehen könnte.

Erstes Beispiel:

Der 14. Sechszeiler in der zweiten Centurie dokumentiert überaus beeindruckend das Wirken des ehemaligen sowjetischen Ministerpräsidenten Michael Gorbatschow (1987–91). Die Ausrechnung des Datums führt ins Jahr 1931, dem Geburtsjahr Gorbatschows, dem vorletzten Präsidenten der früheren Sowjetunion:

2/14

Der Vorletzte mit dem Beinahmen des Propheten,
erkennt die Uneinigkeit im großen Königreich.
Derjenige, dessen Gesicht das Blutzeichen hat,
verbringt am Ende doch das Wunder:
stürzt das Schulgebäude der Republik ein
und erlöst ein großes Volk von seinen Zwängen.

Gorbatschow trägt den gleichen Vornamen 'Michael', wie der 'Prophet' Nostradamus! Und auf der Stirn trägt er sein markantes 'Blutzeichen'!

Michail Gorbatschow begann ab 1985 die russische Wirtschaft auf den Westen einzustimmen, entfernte unfähige und korrupte Funktionäre aus ihren Ämtern, trieb die Abrüstungsgespräche mit dem Westen entscheidend voran und schaffte es innerhalb von wenigen Jahren, das 'Schulsystem der sowjetischen Republik' – die UDSSR galt im Ostblock als die Mutter des Kommunismus schlechthin – einstürzen zu lassen.

Eine Nostradamus-Prophezeiung der Superlative, wo selbst der Name und das Gesichtsmerkmal der betreffenden Person absolut richtig vorausgesagt wurden! Nachdenkenswert beeindruckend, da hellseherisch begabte Menschen vielleicht visionäre Bildfolgen sehen können, die sich wie in einem Film abspulen, dabei jedoch zu sehen, dass ein 'Schulgebäude der Republik' einstürzt (wie sieht so etwas aus?) ist mehr als unwahrscheinlich.

Zweites Beispiel:

Die dramatischen Ereignisse, rund um den Untergang des riesigen Luxusschiffes *Titanic* im April 1912. Der Sechszeiler ist so anschaulich geschildert, dass man beim Lesen fast die Eiseskälte spürt, der die meisten der Passagiere in den nördlichen Gewässern des Atlantiks damals zum Opfer fielen:

3/23

Durch den Blitz in der Arche schmelzen Gold und Geld,
Verluste an Leuten, unzählige Schätze!
Der Blitz auf die Jungfrau wird sehr zerstörerisch sein!
Zu sehr wird der Größte im Eis ermüden,
wird durch mächtige Wassermengen überflutet,
wenn diese Klasse versenkt dahin schwimmen wird.

In der Nacht vom 14. zum 15. April 1912 rammte das damals größte Passagierschiff der Welt, die 'Titanic', auf ihrer Jungfernfahrt ("Blitz auf die Jungfrau!") einen Eisberg und sank innerhalb von wenigen Stunden. Von den insgesamt an Bord befindlichen 2201 Menschen fanden 1490 den Tod. Neben den Passagieren der Dritten Klasse, die für die Überfahrt nur 36,25 $ bezahlen mussten, war auch der amerikanische und europäische Geldadel an Bord des riesigen Schiffes. Unter ihnen der Kaufhausmillionär Isidor Strauss, die Milliardäre Jacob Astor, Guggenheim und Widener sowie zahlreiche bekannte Millionäre, Adelige und Hyperreiche ("Geld und Gold schmelzen auf der Arche dahin, Verluste an Leuten, unzählige Schätze!").
Eine beeindruckende Schilderung dieser schrecklichen Katastrophe, bei der eigentlich nur noch der Hinweis über die viel zu knapp vorrätigen Rettungsboote fehlt!

Drittes Beispiel:
Ebenso fantastisch liest sich ein Sechszeiler aus der dritten Centurie, wo Nostradamus den ersten großen Reaktorunfall in Tschernobyl aus dem Jahr 1986 beschreibt:

3/34
In den verschlossenen Tempeln schlägt der Blitz ein.
Mächtige Seuche kommt mit der großen Hülse:
Zuerst kommt es am Dnjepr (Tschernobyl) zum Verfallen.
Der Himmel verdunkelt sich plötzlich in Flandern:
Sein großer Nachbar tritt in seine Fußstapfen,
will seinem blühenden Glück folgen.

Vision oder Wissen? Die deutliche Ortsangabe, dass es zuerst 'am Dnjepr zum Verfallen' kommt, wo sich bei Tschernobyl (Südrussland) der erste Supergau eines explodierenden Atomkraftwerkes ereignete, ist mehr, als nur bemerkenswert! Danach soll sich – aus unserer Sicht in unserer Zukunft – der nächste Reaktorunfall (?) oder eine ähnliche Katastrophe (?) in Flandern und dann erneut 'beim großen Nachbarn' (Frankreich oder Deutschland) ereignen. Flandern steht für Belgien (7 Kernkraftwerke) und die Niederlande (2 Kernkraftwerke).

Viertes Beispiel:

Eine Voraussage, welche ebenfalls erheblich die Grenzen einer 'normalen visionären Eingebung' zu sprengen droht, zeigt sich im Sechszeiler 8/41. Ein Ereignis, das zwar noch nicht eingetroffen ist, das jedoch sehr detailliert beschrieben wird. Der Wiedererkennungswert nach dem Eintreffen des vorhergesagten Vorfalls dürfte ungetrübt sein:

8/41

Erhellender Blitz in Lyon sichtbar!
Weit außerhalb der Regierung auf abenteuerliche
Reise geschickt,
wird er vom Nordpol verändert.
Nachts, überraschend in die französische Luft geleitet,
wird er fliegen, etwas sehr Hochgelegenes durchzuführen.
Ladung abgegeben und Todesreise.

Eine Trägerrakete, vielleicht Ariane, auf dem Weg ins All, um einen Satelliten in die Umlaufbahn zu bringen? Nachdem der Auftrag, 'etwas Hochgelegenes durchzuführen', abgeschlossen ist, gerät die Rakete außer Kontrolle und tritt ihre Todesreise an. Die Ursachen für die Fehlfunktion und den anschließenden Aufprall (in Lyon?) sind vermutlich am Nordpol zu suchen.

Interessant an dieser Voraussage sind die kleinen Hinweise, wie z.B. die Tatsache, dass die Unglücksursache 'weit außerhalb der Regierung' auf die Reise geschickt wird. Wie kann man so etwas visionär sehen? Im vorliegenden Sechszeiler könnte mit 'fern der Regierung' eine fehlgeleitete Ariane (europäische Trägerrakete der ESA) gemeint sein, die in Französisch-Guyana gestartet wird.

Sind derartige Vorhersagen vielleicht gar keine Prophezeiungen im Sinne von hellseherisch erfassten Eingebungen oder Bildern, sondern sie basieren tatsächlich auf dem Wissen von stattgefundenen Ereignissen? Wurden die Geschehnisse aus einem Geschichtsbuch der Menschheit übernommen, umgeschrieben und als verschlüsselte Botschaft – wie auch immer das geschehen sein kann – zurück in unsere Vergangenheit transportiert?

Das mag oberflächlich betrachtet zunächst etwas abenteuerlich klingen, doch bereits die Erkenntnis, dass man Zukunft nur dann voraussehen kann, wenn sie bereits existiert, öffnet uns den Geist auch für derartige Thesen.

Warum könnte eine solche diese Chronik der Menschheit in die Vergangenheit teleportiert worden sein und in welcher Epoche wurde sie deponiert? Wer ist jener geheimnisvolle 'Kaiser des Phönix', von dem, wie Nostradamus schreibt, dieses uralte Schriftstück stammen soll? Drückt nicht bereits die Bezeichnung 'Schriftstück' ein wenig die Hilflosigkeit aus, den Fund konkret mit den Büchern seiner Zeit vergleichen zu können....?

Die Antworten auf all diese Fragen sind spekulativ, jedoch höchst interessant. Als 'Phönix' kennen wir jenen sagenumwobenen Vogel, der in der Antike als Sinnbild der Unsterblichkeit und der Auferstehung ein nahezu zeitloses Alter erreichte. Er verbrannte sich schließlich selbst, um verjüngt wieder aus der Asche aufzuerstehen.

Phönix ist aber auch ein Sternbild im südlichen Sternenhimmel und zum anderen die Hauptstadt des US-Bundesstaates Arizona, wo nicht nur unterirdische Geheimprojekte stattfinden sollen, sondern im Mai 1953 in Kingman ein UFO-Wrack gefunden und geborgen worden sein soll – ein ovales Objekt, außerirdischer Herkunft mit einem Durchmesser von 10 Metern. Außerhalb des Wracks soll man den Körper eines 1,20 m grossen haarlosen Wesens gefunden haben; im Ufo selbst drei weitere tote Insassen, ebenfalls außerirdischen Ursprungs. Die Leichen wurden in die *Wright Patterson Air-Base* gebracht, danach hörte man nie mehr etwas von diesem Vorfall...

Das Schriftstück vom Kaiser des Phönix!

Wo kommt es her? Wer hat es geschrieben? Wie landete es in einem uralten Kellergewölbe in Frankreich? In welcher Sprache war es verfasst worden? Waren die 'heiligen Bilder' darin gemalt, gezeichnet oder gar fotografiert?

Man stelle sich einmal vor, im Jahre 1550 hätte man einen Foto-Bildband der Menschheitschronik entdeckt – welche Faszination muss für die Menschen dieser Zeit von derart detailgetreuen Farbfotografien ausgegangen sein? Spricht Nostradamus deshalb so ehrfürchtig von 'heiligen Bildern, flackernd in brennender Kerze'...? Wie hätte er Fotos, die es erst 400 Jahre später geben sollte, anders, als 'heilige Bilder' bezeichnen können?

In meinem Buch "Das Nostradamus-Testament" wurde das Thema Zeitreisen und ein möglicher Transfer mittels UFO-Technologie ausführlich besprochen, so dass ich dies hier nicht noch einmal aufgreifen möchte. Tatsache scheint jedoch zu sein – und das hat sich inzwischen erhärtet – dass man bereits seit Jahrzehnten in streng geheimen Projekten bemüht ist, Objekte und Menschen mittels Zeitreisen in eine andere Dimension zu teleportieren, wie der übel ausgegangene Versuch des Philadelphia-Experiments aus dem Jahr 1943 belegt.

Vielleicht hat der Mensch schon längst gelernt – mit oder ohne außerirdischer Technologie – die Grenzen seiner Dimensionen zu sprengen, um andere, unbekannte Welten zu entdecken, diese zu durchfliegen oder sie in allen nur erdenklichen Formen zu nutzen und zu manipulieren. Man sagt es uns nur nicht...

Nehmen wir also das Geschenk an, dass uns von Nostradamus oder dem 'Kaiser des Phönix' in verschlüsselter Form überlassen wurde, damit es uns irgendwann einmal – entschlüsselt zwar, aber immer noch voller Geheimnisse – die Augen vor uns selbst öffnet. Zahlreiche Voraussagen werden wir heute schon verstehen, wobei wir freilich auch weiterhin über die Orte, Zeiten und Personen nur spekulieren können. Doch die geschilderten Ereignisse selbst sind es bereits, die uns den mahnenden Fingerzeig geben, nicht alles als gottgewolltes Schicksal hinzunehmen.

Politische Konflikte, schreckliche Umweltkatastrophen, Kriege, seltsame Erfindungen und global um sich greifende Seuchen scheinen die Fundamente der zukünftigen Prophezeiungen zu bilden. Aber es gibt auch Ruhepole und angenehm schöne Voraussagen, die uns hoffen lassen dürfen. Und wenn all diese vorhergesagten Ereignisse auch bereits (nach meiner Einschätzung) im Jahr 2055 enden, so bedeutet dies noch lange nicht, dass damit auch das Ende der Welt eingeläutet wird.

Denkbarer wäre es, dass die Prophezeiungen deswegen in der Mitte unseres Jahrhundert enden, weil die, welche sie niederschreiben werden, sie zu diesem Zeitpunkt vielleicht gerade 'verschickt' haben und selbst nicht wissen, was ihnen die eigene Zukunft bescheren wird. So betrachtet wären wir dann über unsere unmittelbare Zukunft sehr viel besser informiert, als jene, welche die tatsächlichen Urheber der Schriften sind.

Machen wir also das Beste aus dem Wissen, das geschrieben stand im Buch vom *Kaiser des Phönix*, wobei wir jedoch bei allem Erstaunen über die nachfolgenden, verblüffend richtig anmutenden Prophezeiungen eines nie völlig aus den Augen verlieren sollten: Nostradamus könnte auch ein perfekter Gaukler gewesen sein oder Ray O. Nolan hat sich schlicht und ergreifend geirrt.

Die Zeit und die nachfolgenden Voraussagen werden letztlich den Beweis erbringen müssen...

Die Welt im Krieg

Vergangenheit, Gegenwart und wohl auch die Zukunft legten und legen darüber Zeugnis ab, dass Kriege in der Chronik der Menschen nicht wegzudenken sind. Streits, Konflikte, Uneinigkeit – die Liste könnte endlos fortgeführt werden – gehören zum Bestandteil der Rasse Mensch wie die Luft, die wir zum Atmen brauchen. Als individuelles Geschöpf ist jeder einzelne von uns ein Sieger, ein Gewinner. Dies hat zwangsläufig zur Folge, dass sich Millionen von Siegeshungrigen auf unserem Planeten tummeln, dass sie sich arrangieren oder nicht arrangieren müssen, und dass es unter ihnen Schwache und Starke gibt, die sich – jeder im Rahmen seiner Möglichkeiten – ganz nach oben an die Spitze drängeln. Das kann keine friedliche Welt hervorbringen.

Und doch, ohne jenes in uns steckende, räuberische und nach Macht und Anerkennung strebende Gen, wären wir in der Evolution wohl irgendwo zwischen Seehund und Gibbon verkümmert. Aber wir haben es geschafft. Wir sind wer. Dazu waren Kriege, Sklaven, abgemurkste Andersgläubige, Waffen, Intrigen und Massen von manipulierbaren Hohlköpfen notwendig, die es, dem Himmel sei Dank, immer und zu jeder Zeit gab.

In einem Satz: Sich einen Aufkleber "Nie wieder Krieg" ans Auto zu pappen, während man mit dem Nachbarn prozessiert, weil dessen Papagei bereits morgens um sechs zu schreien beginnt, ist nur scheinbar widersprüchlich oder idiotisch. Es liegt ganz einfach in unserem Naturell, unsere eigenen Bedürfnisse und Auffassungen über die von anderen zu stellen. Und bei den Mächtigen dieser Welt war das (und ist das) kein bisschen anders.

Individualität ist schwer regierbar. Darum arbeitet man eifrig daran, sie unter Kontrolle zu bekommen. Individualität zu ersticken käme allerdings unserem Untergang gleich, sie aber sinnvoll abrufen oder schlummern lassen zu können (sprich: 'sie zu manipulieren') gehört zu den höchsten Zielen einiger Regierungen der Gegenwart.

Die Vorstellung mag in vielen von uns ein flaues Gefühl hervorrufen. Andererseits – ein paar Friedenströpfchen im Nachmittagstee von Saddam Hussein, eine sanfte Kooperations-Bestrahlung von Osama bin Laden: doch, dem könnten wir schon zustimmen! Dann gäbe es endlich Frieden in der Welt und wir könnten in aller Ruhe unseren Nachbarn (den mit dem kreischenden Papagei) verklagen...

Bis es soweit ist – wie gesagt, man arbeitet bereits hart an diesem ehernen Ziel – müssen wir uns damit abfinden, dass es zu allen Zeiten kleine und große Kriege gab und dass es sie auch noch eine Weile lang geben wird. Sie sind das Salz in der Suppe der menschlichen Entwicklungsgeschichte und in den Nostradamus-Prophezeiungen wurden sie allesamt festgehalten.

Zuweilen klar und präzise, dann wieder undurchschaubar und dunkel. In der Auswahl habe auch ich ein bisschen 'lieber Gott' spielen müssen und vieles aus den geschichtlich weit zurückliegenden Auseinandersetzungen aus Platzgründen gestrichen.

All die Schlachten aus dem Dreißigjährigen Krieg, die zahlreichen Feldzüge Napoleons, das blutige Gerangel um die europäischen Thronfolgen – unmöglich all diese Prophezeiungen in diesem Buch vorzustellen und zu kommentieren! Es scheint, dass früher die halbe Menschheit ausschließlich damit beschäftigt war, sich gegenseitig die Schädel auf den Schlachtfeldern der Ehre einzuschlagen! Immer und ständig – unsere Großväter waren darin nicht gerade zimperlich...

Der Zweite Weltkrieg
1944/45: Der Russlandfeldzug

2/44

Regen, Frost, machen das Gebiet ungastlich,
halten urplötzlich zwei Kriegsheere auf.
Der Angreifer gerät in extreme Not.
Bestien, wild vom Hunger, durchschwimmen den Fluss,
über Land und Meer, folgt man dem großen Rückzug.
Viele Schlachtfelder gegen Hister (Donau).

Deutsche und Russen prallen 1944 im mörderischen russischen Winter aufeinander und es kommt zur Wende im Krieg. Die deutschen Truppen fliehen bis hinter die Weichsel, dann hinter die Oder zurück, können sich aber auch dort nicht halten. Sie werden schließlich aufgerieben oder bis nach Berlin zurückgedrängt.

Das Wort 'Hister' ist ein gekonntes Wortspiel von *Hitler* und dem lateinischen *Hister* (Donau). Hitler selbst war gebürtiger Österreicher, geboren in Braunau am Inn, nahe der Donau.

Auch in den folgenden Voraussagen geht es um den Zweiten Weltkrieg. Die 'keltische Nation' ist Mitteleuropa, in diesem Fall das fast ganz Europa beherrschende 'Großdeutsche Reich' Nazi-Deutschlands. Nostradamus beschreibt hier die Ereignisse an der Westfront (4/2), die Landung der US-Streitkräfte auf Sizilien (2/22) und den Aufstieg des späteren französischen Präsidenten *Charles de Gaulle*, dessen Nase er selbst zu kennen scheint (2/12):

6. Juni 1944
Alliierte Landung in der Normandie

4/2

Zu Land und Meer werden die Durchfahrten geschlossen.
Großes Segel, der Bienenschwarm erhebt sich,
selten und lang, dann tief in die westlichen Länder.
Kampflärm wird am Himmel zu hören sein,
unzählige von Kriegsschiffen.
Nachrichten von größten Verlusten werden überbracht.

Hier werden die Landung alliierter Streitkräfte in der Normandie beschrieben, und in der ersten Zeile die Seeblockaden durch den Einsatz von U-Booten und Geschützen (z.B. in der Meerenge von Gibraltar) im Zweiten Weltkrieg.

Es folgen die Aufzählungen von Schiffen und Flugzeugen ("großes Segel" und "Bienenschwarm") sowie die verlustreiche Landung der Alliierten an der französischen Nordküste.

Landung der USA auf Sizilien, Operation Husky

2/22

Nahe von zwei Strömen wird es sich ereignen,
wenn in dem eisernen Fisch & Briefe eingeschlossen,
des großen Neptuns und seiner Dreizack-Soldaten.
Den Feinden wird die Affäre berichtet.
Die Verbannten kommen in Sizilien an:
Die Armee der Kelten (Mitteleuropa) in Italien geschlagen.

Eine sehr verblüffende Voraussage, die den Invasionstrick der US-Streitkräfte, der durch die *Operation Husky* (Major Martin) am Huelva-Tinto-Delta in Südspanien, eingeleitet wurde, in allen Einzelheiten dokumentiert. Nur durch dieses Spiel der amerikanischen Geheimdienste wurde die Landung der US-Flotten an den Küsten Siziliens erst möglich.

Die merkwürdige Aktion begann im April 1943. Um Adolf Hitler vom geplanten Landungsziel Sizilien wegzulocken, wurde eine in einer Kühltruhe speziell für diesen Einsatz deponierte männliche Leiche als amerikanischer Kurier ausgestattet – am Handgelenk einen angeketteten Aktenkoffer mit wichtigen (gefälschten) Dokumenten über die Landung der Amerikaner, die angeblich in Sardinien und Griechenland erfolgen sollte.

Die Leiche Major Martins wurde 'nahe von zwei Strömen' von einem U-Boot aus ('Briefe eingeschlossen, im eisernen Fisch') zu Wasser gelassenen. Der Plan ging auf. Spanische Fischer entdeckten die Leiche und über verschiedene Behörden gelangte die Kuriertasche schließlich in die Hände des deutschen Abwehrdienstes und danach rasch auf den Schreibtisch des Führers.

Die Sache war so perfekt eingefädelt und ausgeführt worden, dass Hitler in die Falle tappte und seine Truppen von Sizilien nach Sardinien verlegen ließ. Der Hinweis in einem der Briefe, die *Operation Husky* mit der Landung in Sizilien sei nur ein Täuschungsmanöver, hatte Hitler am Ende überzeugt – die Invasion in Sizilien konnte beginnen...

Charles de Gaulle:
Frankreich schlägt zurück!

2/12

Die gewaltige Auseinandersetzung wird Frankreich schaden,
doch die keltische Nation wird die Stunde fürchten.
Später kommt von den abgelegensten Gegenden
Frankreichs König, nicht der geschickte Kelte –
der Blonde mit der groben Nase kommt, auszutragen,
wie viele Feinde über den Fluss zurückgeworfen werden.

General de Gaulle wurde in Lille, Nordfrankreich, geboren, was man – aus französischer Sicht – sicher als abgelegenen Ort (nahe Belgien) bezeichnen kann. Als Feldherr überschreitet er mit seinen Truppen den Rhein, als Staatspräsident wird er für lange Zeit die Geschicke seines Landes lenken. De Gaulle war übrigens, auf Grund seiner enorm großen Nase, Lieblingsobjekt für die Karikaturisten seiner Zeit. Schon wegen des Hinweises auf die 'grobe Nase' de Gaulles gehört dieser Sechszeiler ganz sicher zu den beeindruckensten und nachdenkenswertesten Voraussagen des Propheten...

Das Aufsteigen und den ebenso raschen Fall Hitler-Deutschlands wird auch in einigen Sechszeilern der 1. Centurie (siehe diese) sehr anschaulich dokumentiert. Hier nun weitere Voraussagen über den Zweiten Weltkrieg aus anderen Centurien:

Aufstieg und Fall des 'Großdeutschen Reiches'

2/6

Ihre große Macht wird man wachsen sehen,
stirbt auf dem Höhepunkt, vom Himmel bestraft.
Keine Vorstädte mehr, keine Städte und Ortschaften,
wenn sich die Regierungschefs versammeln.
Empfangend ihre ersten und menschlichen Gesetze,
werden eines Tages die beiden großen Meister zu Freunden.

Die Formulierung 'vom Himmel bestraft' ist wohl nicht nur symbolisch gemeint. Britische Bomberverbände und die spätere Luftüberlegenheit alliierter Streitkräfte waren es, die Deutschland in die Knie zwangen. Als sich die Siegermächte schließlich auf deutschem Boden trafen, lag das Land in Trümmern. Neue Gesetze, die Verfassung und das Grundgesetz der neuen Bundesrepublik machten aus den ehemaligen Gegnern Verbündete.

März 1942: Britische Luftangriffe auf Köln

5/11

Aus dem tiefsten englischen Westen,
Marinecamp, Heuschrecken und Stechmücken,
übertragen in das große Deutschland!
Viele sterben, wenn Mars diesen Tag eröffnet.
In Deutschland, am Rhein und in Köln,
am Himmel trägt es sich zu, dein Glück zu zerstören!

September 1944: Brückenkämpfe Westfront

5/27

Wenn die Sache auf der Brücke eröffnet wird,
greift ein Zweig an, zur großen Kriegserklärung!
Inmitten der Brücke löscht man sich gegenseitig mit Kraft aus,
Auf beiden Seiten wird man enorme Verluste verzeichnen.
Auf der Brücke, Mengen von großen Pfeilern
bis auf den Grund des großen Bogens zerstört.

Die Brücken über die Maas, Waal und bei Arnheim über den Rhein wurden für britische und amerikanische Streitkräfte zum blutigen Nadelöhr des deutschen Westwalls. Bei dem Versuch die Brücken zu überqueren, stießen die Alliierten auf erbitterten Widerstand. Auf deutscher Seite wurde von Hitler selbst ein

Bataillon, das ausschließlich aus Verwundeten bestand und von einem einbeinigen Major auf Krücken geführt wurde, nach Arnheim entsandt.

Stoßtrupps versuchten die Brücke immer wieder vergeblich zu nehmen. Leichen, zerstörte Ortschaften, demolierte Brücken und Tausende von Toten und Verwundeten auf beiden Seiten kennzeichneten am Ende die Schlacht um die strategisch wichtigen Flussübergänge. Von den über 10 000 alliierten Luftlandesoldaten erreichten nur 2163 die nördliche Rheinseite bei Arnheim.

Dezember 1944: Die Ardennen-Offensive

5/29

Soldaten werden auf dem Land und in den Städten logieren
und verlegt, in die Nähe des ardennischen Waldes; –
die Ansammlungen zur Erholung in großer Zahl.
Und jene vom Rhein werden kommen, da einzufallen.
Großes Entsetzen wird die ausländische Armee befallen,
welche die Stärke besitzt, die Freiheit zurückzugewinnen.

Im Dezember 1944 mobilisierte Hitler noch einmal alles was laufen, fahren und schießen konnte, um die überlegene alliierte Bedrohung im Westen zurückzuwerfen. Ein massiver Überraschungsangriff durch die winterlichen Ardennen sollte das Kriegsglück zu seinen Gunsten wenden.

Hitlers Taktik ging zunächst auf. Die US-Generäle maßen den Ardennen praktisch keine Bedeutung zu und hatten sogar einige aufgeriebene Divisionen von erschöpften und verwundeten Soldaten zur 'Erholung' in diese Region verlegt. Acht Tage lang gewannen die Deutschen verlorenes Territorium wieder zurück, errangen Sieg um Sieg, dann war aber auch dieser letzte Traum ausgeträumt. Am Weihnachtsabend des 24. Dezember 1944 endete der Vormarsch an der Maas und die Alliierten setzten zum Gegenschlag an...

Dieser Sechszeiler ist ungewöhnlich deutlich geschrieben und doch hätte man ihn *vor* dem Ereignis wohl kaum richtig interpretieren können, was uns erneut auf die Schwierigkeit hinweist, zukünftige Ereignisse konkret bestimmen zu können.

Was uns bei bereits eingetroffenen Voraussagen oft unmissverständlich klar formuliert erscheint – bei noch ausstehenden Prophezeiungen sind wir fast immer auf Vermutungen und Spekulationen angewiesen. Auch den nachfolgende Sechszeiler hätte sicherlich niemand vor dem Jahr 1941 verstehen können:

1941, Rudolf Hess in Schottland

5/31

Dann, wenn notwendig, zieht man es zu spät in Betracht:
Unter gottgeweihtem Vorwand, die Knechtschaft abzuschaffen,
werden die schottischen Inseln ein Leuchten erhalten,
dass durch das Loch die Armee warnen wird.
Vom unnützen Unternehmen der Ehre, ungebührliche Klage,
wird jener nicht herausgehen, der die Hoffnung aufgegeben hat.

Am 10. Mai 1941 springt über Schottland der Stellvertreter Adolf Hitlers, Rudolf Hess, mit dem Fallschirm ab, um Grossbritannien für Friedensgespräche zu erwärmen. Hess schlägt – angeblich nicht im Auftrage Hitlers gekommen – ein Bündnis mit England gegen die amerikanischen Territorialwünsche vor.

Die Engländer lehnen dankend ab und Hess wird als Kriegsgefangener behandelt, nach dem Ende des Krieges nach Berlin überführt, wo er, bewacht von den vier Siegermächten, bis zu seinem Tod als 93jähriger (26.4.1894 – 17.8.1987) in Sonderhaft bleibt.

Die beiden letzten Verszeilen spiegeln einmal die Sinnlosigkeit seines Unternehmens und andererseits die Hoffnungslosigkeit und Einsamkeit wieder, die dieser 46 Jahre lang inhaftierte Prestige-Gefangene der Alliierten erfahren musste.

Mai 1945: Der Führerbunker

5/14

Der große Schweinehund wird aus der Stadt verjagt!
Von barbarischem Blut wird die Erde bedeckt sein,
wenn sich die meisten im Krieg verbinden werden.
Von Blut und Wunden und den Feinden bedrängt,
wird er erbost sein, über die merkwürdige Allianz.
Nahe des Kellers sieht er die Seinen tot zu Boden fallen.

Uns Adolfchen! Kein gutes Haar lassen die Prophezeiungen an ihm! Hier wird nicht nur treffend sein Tod im Hof des Führerbunkers in Berlin beschrieben, sondern sein blutiges Wirken und sein Zorn über die Bündnisse der alliierten Streitkräfte, wobei ihm die USA stets ein besonderes Dorn im Auge waren.

Um sich diesen Gegner vom Hals zu halten, hatte er sich mit Japan verbündet, das sich damals ebenso machthungrig aufmachte, sich ganz Asien und den pazifischen Raum einzuverleiben. Nach dem ersten großen Überraschungssieg der japanischen Kamikaze über die USA in *Pearl Harbour* schien diese Hoffnung auch anfänglich aufzugehen:

Dezember 1941: **USA, Japan – Pearl Harbour**

6/2

Feuer, Blutvergießen, Wasser mit Blut verfärbt:
Fern von seinem Land wird ein König die Schlacht verlieren,
außerhalb der größte Teil, der unbedeckt sein wird.
Der Große von Asien, über Land und Meer mit großer Truppe.
Die Erscheinenden werden regnerischen Tag haben,
dass Neptun nicht zum Frieden angespornt wird.

Schwarzer Tag der US-Pazifikflotte, die im Hafen von *Pearl Harbour* (Hawaii) völlig ungeschützt ankerte und überraschend von japanischen Luftstreitkräften angegriffen wurde. Neun Zerstörer, sechs Flugzeugträger, zwei schwere Kreuzer und zwei Schlachtschiffe sowie 27 Langstrecken-Unterseeboote hatten sich eine Schlechtwetterfront zunutze gemacht, um den US-Stützpunkt im Pazifik anzugreifen.

Die erste Angriffswelle mit 190 japanischen Flugzeugen eröffnete nahezu ungehindert und mit immenser Zerstörungswucht die Schlacht. Eine Stunde später rollte die zweite Welle mit 170 Flugzeugen über den Stützpunkt, unter ihnen zahlreiche Kamikazeflieger, die ihre Maschinen in die Schiffe stürzen liessen.

Bei den Angriffen fanden 2000 Menschen den Tod und der Großteil der pazifischen US-Flotte wurde vernichtet oder lahmgelegt. Einen Tag später erklärten die USA und England Japan den Krieg...

Die so anschaulich geschilderte Prophezeiung hat sich in allen Punkten Zeile für Zeile erfüllt. Dies gilt auch für den ersten Abwurf einer Atombombe, der im August 1945 dem Krieg mit Japan ein abruptes Ende setzte:

August 1945: **Hiroshima und Nagasaki**

1/4

Spät eingetroffen wird die Vollstreckung durchgeführt.
Wenn die Sänfte vom Wirbel zu Boden geschlagen,
glaubt man, nachts die Sonne gesehen zu haben.
Kind ohne Hände, nie hat man je einen
derartigen Blitz gesehen!
Sehr kurz danach wird die Erde beben,
wird großes Feuer in übereinanderliegenden Nächten
vom Himmel fallen.

Dieser Sechszeiler wurde bereits im Kapitel "Die Höhepunkte der erste Centurie" besprochen. Mit der 'Sänfte, die vom Wirbel zu Boden geschlagen wird' ist das japanische Kaiserhaus gemeint. Die anderen Zeilen beschreiben die schreckliche Explosion der beiden über Japan abgeworfenen Atombomben und deren Nachwirkungen (Verstümmelungen bei Neugeborenen usw.)

Sowjetunion:
Josef Stalin auf dem Weg zur Macht

5/28

Jene, welche das Unternehmen gestürzt haben –
drei, die sich durch ein Handgemenge verschwören,
werden Prinz wechseln. Auftauchen wird ein Provinzler,
durch Feuer und Waffen, nicht weit vom Schwarzen Meer.
Er wird den Kaukasus und Südrussland durchstoßen,
wird Wien und Köln erstürmen.

Hitlers kurzzeitig Verbündeter im Zweiten Weltkrieg, Josef Stalin, arbeitete sich als Sohn eines armen georgischen Schusters nach der russischen Revolution rasch in der neuen kommunistischen Partei an die Spitze des neuen sowjetischen Machtapparats. Seine zwei Mitverschworenen, Trotzki und Bucharin, schaltete er nach dem Tod Lenins aus, danach war der Weg zu seinem 25 Jahre anhaltenden Schreckensregime frei. Sein Pakt mit Hitler (1939) wurde von diesem durch den deutschen Angriff im Jahr 1941 gebrochen, wonach Stalin das gesamte Volk zum Krieg gegen Deutschland mobilisierte.

Die letzte Zeile der Prophezeiung, dass Stalin Wien und Köln erstürmen wird, ist wohl symbolisch gemeint. Die Orte stehen für das 'Großdeutsche Reich'.

Ein anderer Verbündeter, der italienische Diktator Benito Mussolini, hielt Hitler bis zuletzt die Treue. Auch er führte ein Schreckensregime, ließ politisch Andersdenkende hinrichten, war redegewaltig und führte sein Land zunächst – wie Hitler – aus einer schweren wirtschaftlichen Krise. Durch Italiens Expansionen (Libyen, Albanien, Äthiopien) berührte er empfindlich die Kolonialinteressen der Westmächte, so dass er sich immer mehr an Hitler anlehnen musste:

Italien 1945: Die Hinrichtung Mussolinis

2/45

Wenn das Monster nahe bei Ravenna geboren,
zum Schrecken der Menschheit auferstehen wird,
– italienische Erde, wie durch die Voraussage erklärt.
Vom Großen, der bald den Kampfplatz verliert,
nahe des Portals, pflichtvergessend sich absetzend,
tot am Mast, groß hängt er am Ast.

Mussolini wurde in *Forli*, einer kleinen Stadt nahe bei Ravenna geboren. Als sein Reich in Trümmern lag, flüchtete er in zivilen Kleidern in die Schweiz, wurde jedoch von italienischen Partisanen in der Nähe der Grenze aufgegriffen und am 28. April 1945 zusammen mit seiner Geliebten, Clara Petaccis, und zwei Freunden erschossen.

Die Leichen wurden danach mit dem Kopf nach unten hängend auf der *Piazza Loretto* in Mailand öffentlich zur Schau gestellt.

Die Judenverfolgung im Dritten Reich

5/10

Der große Ruin der Geweihten ist nicht fern!
Sich unbekleidet, völlig nackt zu zeigen,
wird das Kind die Mutter nackt bis aufs Hemd entkleiden.
In Donau und Rhein wird zum Trinken kommen,
Menschenfleisch – für den Tod zu Asche gemacht.
Durch die Sonne hält man am Gesetz des großen Messias fest!

Die Tötung ganzer jüdischer Familien in als Duschräumen getarnten Gaskammern ('Kind und Mutter helfen sich beim völligen Entkleiden'), die Scheußlichkeit der speziell dafür eingerichteten Verbrennungsöfen und der unerschütterliche Glaube dieser Todgeweihten an den großen Erlöser kommt, Zeugnis ablegend über die Gräueltaten, in dieser Voraussage zum Tragen!

9. Centurie: Nazi-Deutschland, Aufstieg und Fall

Hitlers Emporkommen, die Verfolgung der Juden sowie der Kampf um Berlin (1945) mit dem Selbstmord Hitlers und seiner Geliebten, Eva Braun, im Führerbunker – der 21-Zeiler dazu:

Fliehen, fliehen, von allen beiden Seiten,
vor einem neuen Monarchen von unten hochkommend!
Der Gerechte, man wird ihn zu Unrecht töten,
öffentlich und von der Mitte gestützt!
Der Ofen wird wieder aufgebaut,
unaufhörlich Gefangene, wie Donner im Glockenstuhl,
Gefolge gepresst, und die Wache macht allem den Garaus
– niemals war die Verfolgung so groß!
Das große Gesetz entwickelt sich in aller Heimlichkeit.
Allen werden wegen ihres Rangs Kreuzformen angeheftet.
Oh, welch schreckliche Unglücke! Veränderungen,
wie noch nie eine schrecklichere Herrschaft existierte!
Heuschrecken an Land, nicht ein Drittel bleibt übrig:
Im April, Mai, neuer Abzug der Menschen,
mit den Spuren ihrer Trachten und Gesetze
dem Steuerruder des unmenschlichen Nero entsprossen.
Und die Mätresse, bei den Mitgenossen in der Festung,
beim Verlassen getötet; der Führer, aufgegeben von den Auserlesensten,
Von drei Teilen bestürmen Feinde
die Leibwache und Wache – von Hand getötet:
Ein Kapitän des großen Deutschland!

Diesen Zeilen ist nichts hinzuzufügen. Das Thema der Judenverfolgung gehört zu den schwärzesten Kapiteln der deutschen Geschichte. Die systematische Ausrottung, Vergasung und Verfolgung von Millionen Juden wird auch in mehreren Sechszeilern der ersten Centurie beschrieben...

Nach dem Krieg ziehen die Siegermächte in den Nürnberger Prozessen Bilanz. Die Verantwortlichen – sofern sie sich nicht durch Flucht oder Selbstmord ihrer gerechten Strafe entziehen – stehen vor einem Militärgericht und erwarten ihre Verurteilung:

1945/46:
Nürnberger Kriegsverbrecher-Prozess

6/45

Der Staat verändert, es kommt zum Knochenrasseln!
Nachdem die sorgfältig Ausführenden die
Kurzgeschorenen verbrannten,
hurtig entlaufen, verfolgt, darauf gefangengenommen.
Volk versammelt, neues Spektakel zu sehen,
welches den Preis über Nürnberg haben wird:
Große Entschuldigung nicht dafür geeignet!

Noch einmal kommt die Verbrennung der vor ihrer Tötung kahlgeschorenen Juden zur Sprache (die Haare wurden als Füllmaterial u.a. verwendet) sowie jene, welche die Ausrottung so sorgfältig planten und ausführten. Der ganze Umfang dieser Tötungsmaschinerie wird erst nach und nach bekannt. Geflohene und untergetauchte Täter werden gesucht und ergriffen und es kommt zum Prozess in Nürnberg.

Der letzte Satz dieses Sechszeilers macht besonders nachdenklich: Er fordert auf, niemals zu vergessen...

Im Schatten der Mächtigen

Die Welt ist auch nach dem verheerenden Zweiten Weltkrieg nicht zur Ruhe gekommen. Nahost, Vietnam, Nordafrika, Kuba, Afrika, Jugoslawien, Irland – der Mensch durfte zum Jahrtausendwechsel beweisen, dass er nicht gewillt ist, aus seiner blutigen Geschichte zu lernen.

Wirtschaftliche Expansion ist das Zauberwort für den Anpfiff zu neuen Kriegen, die dann unter einem jeweils passend auf den Krisenherd zugeschnittenen Deckmäntelchen geschürt werden. Umstürze, neue Regierungen, Revolutionen, fanatische Extremisten, Diktatoren – sie alle werden von irgendwem irgendwann gesponsert und hochgepuscht, damit zumindest mittelfristig die eigenen Interessen gewahrt werden können.

Zuweilen entgleiten diese Sandkastenspiele der Mächtigen jedoch. Erst einmal an die Macht gebracht, vergisst schon mal der ein oder andere Emporkömmling, wem er seinen Höhenflug zu verdanken hat, hält sich nicht mehr an die Regeln oder er sieht sich als frischgebackener Regierungschef nun gar als eigenständig agierend dürfendes Rädchen im Weltgetriebe.

Das wird dann korrigiert und kostet ein paar ärgerliche Jahre der Nacharbeit. Und wieder Menschenleben, Blut und Tränen. Und dies spiegelt sich auch den Prophezeiungen für die vergangenen 50 Jahre bis in unsere Gegenwart wieder. Kleine und große Kriege, neue Machthaber, politische Attentate – das Spiel um Macht und wirtschaftliche Interessen wird fortgesetzt.

Die Verknüpfungen von Ursache und Wirkung lassen sich in vielen der nachfolgend vorgestellten Prophezeiungen oft nicht trennen. Naturgemäß ändern sich durch politische Veränderungen, Eingriffe und Morde nicht nur die Strukturen eines Landes, sondern auch alles, was daraus resultiert: also unsere Zukunft im vollen Umfang ihrer kleinen oder übergreifenden Auswirkungen auf die gesamte Welt.

Wo stünden Israel und Palästina heute, hätte man 1995 nicht Yitzhak Rabin ermordet? Die Frage könnte man nicht einmal hypothetisch beantworten. Wir wissen nur, wie es bis heute – ohne Rabin – weitergegangen ist. Das Israel im Jahr 2050 wird dann ein Israel sein, wie es *mit* Yitzhak Rabin niemals so geworden wäre. Im Guten oder im Schlechten – politische Attentate, Neuwahlen, Kriege, Revolutionen und Reaktionen verändern nach dem Gesetz von Ursache und Wirkung immer die Welt. Daran ist nicht zu rütteln.

Und jene Welt, in welcher einmal unsere Nachgeborenen zufrieden oder unzufrieden leben werden, wird das Zufallsprodukt von falschen und richtigen Entscheidungen sein, von Mord und Totschlag, von Weisen und Irren – so steht es im Buch der Prophezeiungen geschrieben...

1947:
Palästina und Israel

3/21

Gelehrte der Schriften werden sich fügen.
Halb getötet, dem Schicksal übergeben,
werden sie durch Kriege hoch emporsteigen.
Neues Gesetz, besetzt neues Land:
O, welch blutiger Konflikt, bereitet sich nahe von ihnen vor,
gegen Syrien, Israel und Palästina!

Die UN-Generalversammlung beschließt am 29. 11. 1947 das britische Mandatsgebiet Palästina in einen arabischen und einen jüdischen Staat aufzuteilen. Obwohl die Mehrheit der Palästinenser für eine Teilung des Landes gestimmt hatte, kommt es zu bürgerkriegsähnlichen Unruhen. 650 000 Israelis sehen sich von doppelt so vielen Palästinensern bedrängt – beide, Araber und Juden waren zwar befragt, aber bei der endgültigen Entscheidung übergangen worden.

Die Zuwanderung nach Palästina erfolgte während und nach den Gräueln des Holocaust (*'halb getötet, dem Schicksal über-g-ben...'*), danach folgte der Kampf gegen die englischen Mandatsinhaber und das schwierige Zusammenleben mit den arabischen Nachbarn, die sich um ihre Gebietsansprüche betrogen sahen. Der Staat Israel wurde am 14. Mai 1948 ohne Festlegung der Grenzen ausgerufen. Der Spannungsherd Nahost schwelt seitdem bis in unsere Gegenwart weiter...

Israel 1967: Sechs-Tagekrieg, Friede mit Ägypten

2/2

Der große Stern glüht über sieben Tage,
entstehend aus drei Armen, vorausgesagt das Bild des Krieges:
'Urna' bedroht weiterhin Deukalion,
wenn der hohe Priester das Gebiet wechselt.
Wegen des Landes kommt es zur Teilung.
In Abhängigkeit und durch das Wasser trifft man sich wieder.

Am 5. 6. 1967 startet Israel einen überraschenden Blitzfeldzug an drei Fronten gleichzeitig gegen seine immer mehr erstarkenden arabischen Nachbarn. Am 11. Juni, sieben Tage später, hat sich das Land seinen Zugang zum Roten Meer erkämpft, die gesamte ägyptische Armee niedergestreckt, den von Jordanien kontrollierten Westteil Jerusalems zurückerobert und Syrien in seine Schranken verwiesen.

Vorausgegangen war das mächtige Säbelrasseln Ägyptens, das im Mai 1967 den Hafen von Akaba für die israelische Schifffahrt sperrte und seine Reservisten mobilisierte. Nachdem Israel in seinem Blitzkrieg bereits am ersten Tag die gesamte ägyptische Luftwaffe vernichtet hatte, rückten die Truppen Moshe Dayans bis an den Suezkanal vor. Durch Vermittlung der UNO kam es am 11. Juni 1967 zum Waffenstillstand.

In der Prophezeiung wird nicht vom 'Sechstage-Krieg' gesprochen, sondern von 'Sieben Tagen', in welchem der Stern Israels glüht. Tatsächlich waren es auch sieben Tage bis die Waffen am 11. Juni schwiegen. *Urna*, das nach den Gebietseroberungen weiterhin *Deukalion* (den Erbauer der neuen Welt nach der biblischen Sintflut) bedroht, weiß ich nicht zu deuten. Vielleicht können es hebräisch sprechende Menschen...

In Abhängigkeit durch das Wasser (Suezkanal, Rotes Meer) kommt man sich schließlich wieder näher – auch diese Voraussage hat sich inzwischen durch die Friedensverträge mit dem nachfolgenden ägyptischen Ministerpräsidenten Sadat erfüllt.

Nachfolgend nun einige Voraussagen, die sicherlich in unsere Gegenwart hineinreichen, vielleicht aber auch zukünftige Ereignisse wiederspiegeln:

Nahost – Afghanistan der Zukunft?

3/5

Nah des Flusses Arax ereignet es sich:
Durch Hunger, Durst, unter den sehr gläubigen Armeen,
wird vor dem Angriff ein Gebet gesprochen.
Die Waffen kämpfen für eine lange Zeit am Himmel.
Der neue Alte vom Reichtum veredelt,
lässt aus Furcht vor dem Kreuz seine Fahne sinken.

Der Fluss *Arax* könnte der Arac, Aras oder der Araks sein, die alle nahe des Irans, der Türkei oder Russland fließen. Hier wird von einem Luftkrieg gesprochen, ausgelöst durch ein Volk, dass sich von Hunger und Durst geplagt sieht (Afghanistan?). *Der neue Alte* könnte symbolisch für die Welle des fundamentalistischen Islam stehen, die sich – seit Ajatollah Khomeini – in der gesamten islamischen Welt immer mehr verbreitet.

Denkbar wäre auch, dass damit ein Land gemeint ist, dass z.B. durch seine reiche Erdölvorkommen "vom Reichtum veredelt wird" und aus Furcht vor dem Westen schließlich einlenkt.

Auch damit könnte Afghanistan gemeint sein, dass über immense Erdölreserven verfügen soll, sich nun durch militärische Niederlagen und Verträge an den Westen bindet und zu einer wohlhabenden Nation aufschwingt...

Krisenherd Naher Osten

4/11

Die vor langem versprochene Zusage wird verdreht,
getötet der Führer, um zu vergelten:
Aus hundert sind mehrere tausend geworden,
wie es Blitze macht, so viel wie in mancher Pferdekutsche.
Das arabische Imperium wird seinen Kurs
wieder gültig machen,
die Freistadt wird zum Sklaven der Freiheit.

Verträge werden gebrochen, ein Staatsoberhaupt wird ermordet. Unmut und Hass schüren eine Revolution, die immer mehr Anhänger findet und zum Erstarken der arabischen Welt führt, die ihren Kurs wieder gültig machen wird. Die Freistadt, welche zum Sklaven der Freiheit wird, könnte Jerusalem sein, dass von der UN-Generalversammlung 1947 als 'Freie Stadt' proklamiert, aber im Sechstage-Krieg von den Israelis besetzt wurde.

So betrachtet könnte dieser Sechszeiler das gesamte Nahost-Problem seit 1947 bis heute wiederspiegeln.

Krisenherd Naher Osten

6/37

Im Orient großer Schrecken und Furcht
vor dem großen Sünder in zerstörerischer Unruhe!
Durch Schicksal, nicht Kunst, ist der Hebräer am Leben,
verteilt die Kreuze durch harte Späne, ungefeilt.
Durch den Anschein von heiliger Heiligkeit,
Friede, neu gemacht, heilige Gesetze beherrschend.

Auch hier scheinen Vergangenheit, Gegenwart und Zukunft miteinander zu verschmelzen. Dabei fällt es in diesem Sechszeiler besonders schwer zu unterscheiden, wer hier die 'Guten' oder die 'Bösen' aus unserer Sicht sind. Israel (der Hebräer) wird hier als ein vom Schicksal geplagtes Land dargestellt, dass sich immer wieder durch seine Vorsehung, nicht durch Maßnahmen oder Reaktionen, seiner Haut wehren muss – auch wenn seine Mittel zuweilen als rau und hart empfunden werden.

Am Ende könnte man über die Religionen einen Kompromiss finden und durch diese neuen 'heiligen Gesetze' Frieden stiften und sich so zur Leitkuh im Nahen Osten aufschwingen.

Die Idee ist gar nicht einmal so übel. Die Mächtigen im Nahen Osten sollten sich diesen Sechszeiler einmal zu Gemüte führen und nach völlig neuen Wegen suchen, einen auf ihren Religionen basierenden Schlüssel zur Gemeinsamkeit zu finden.

Jugoslawien blutet...

2/26

Nachdem lange Zeit alles geordnet sein wird,
hallt ein lauter Schrei durch Kroatien.
Die alte Wunde, wird schlimmer, als jene Feinde sein;
seinen bitteren Ruhm, ein jeder fürchtet ihn.
Spät und doch bald, kommt erwartete Hilfe.
Von anderen Vögeln umringt, wird er verjagt.

Serben, Kroaten und Slowenen – der alte Hass explodiert im Sommer 1991 im Vielvölkerstaat Jugoslawien. Hunderttausende sind auf der Flucht, es kommt zu blutigen Bürgerkriegen und Massakern. Das Land wird zum Hexenkessel alter Feindschaften, dem nun auch ein Massenexodus von Albanern folgt. Die Friedensinitiativen von EG und UNO fruchten nicht, der Krieg im Balkan nimmt an Heftigkeit zu und wird sich schließlich über Jahre dahinziehen.

Spät, doch bald kommt die erwartete Hilfe: Europa zögerte lange, UNO-Friedenstruppen griffen spät ein, aber sie kamen dann doch. Den sich weiter ausbreitenden Krieg konnten sie jedoch nicht verhindern. Der Alptraum ging weiter – internationale Kampfverbände mussten eingreifen...

Ungarn unter der Knechtschaft der Sowjets

2/34

Durch Leben und Tod ändert sich die Regierung in Ungarn.
Wenige werden finden, was ihrem Rang angemessen wäre,
entdecken von weitem die große Zufriedenheit.
Hunger, Seuche, Krieg, mühselige Zeiten,
Streit, Gedrängel, die Macht unumschränkt.
Das Gesetz wird sehr viel härter als die Knechtschaft sein!

45 Jahre Unterdrückung und Knechtschaft in Ungarn dokumentiert diese Prophezeiung, welche erst 1989 ihren Abschluss finden sollte. Ungarn und die damalige CSSR litten besonders unter ihren ehemaligen 'Befreiern', der Sowjetunion. In beiden Ländern wurden Volksaufstände durch russische Panzer blutig niedergeschlagen und die Länder danach noch enger an die Kette des Kommunismus gelegt.

1994–96 Ruanda:
Massensterben in Afrika

2/19

Zwischen den Brüdern kommt es zum tödlichen Streit.
In die Hände des Tyrannen werden sie geraten.
Großes Blutbad, Triumph, Festveranstaltungen.
die nächste Hoffnung kommt, um zu täuschen.
Sterben am Hunger, die Bäume abgefressen
Seuche und Hunger verschlingen alle.

Im Juli 1994 übernahm die Tutsi-Minderheit durch einen militärischen Sieg über die Hutu-Mehrheit im afrikanischen Ruanda die Führung des Landes. Danach setzte ein schreckliches Massenmorden ein und rund 2 Millionen Menschen flüchteten nach Zaire, Tansania und Burundi. Allein in Zaire gab es 700.000 Flüchtlinge, die in Notlagern ohne Verpflegung, Wasser oder ärztliche Hilfe dahinvegetierten. Trotz der katastrophalen Bedin-gungen in den Lagern kam es auch hier zu Massakern und Rachefeldzügen von Tutsi-Rebellen. Einer der schlimmsten Bru-derkriege, die je auf afrikanischem Boden ausgetragen wurden – Millionen waren auf der Flucht! Man schätzt heute, dass etwa 2 Millionen Hutus von den Tutsi ermordet worden sind.

1996 wurde der Krieg für beendet erklärt. Die neue Regierung wurde nun wieder mit Hutus (88% der Bevölkerung) besetzt, aber im benachbarten Zaire bereitet sich schon wieder eine Truppe von ca. 40 000 Tutsi-Soldaten (nur 8% der Bevölkerung Ruandas sind Tutsi) auf die Rückeroberung vor.

Das Drama – es ist noch nicht zuende...

Uganda 1971: Schreckensherrscher Idi Amin

2/42

Einen jeden wird er mit seiner Peitsche schlagen,
dann verfällt er einem heftigen Blutrausch,
dass der Mensch vom Menschen essend, Menschenfresser wird.
Ohne Entrinnen das Viertel einer Million.
Kurz nachdem der Prinz emporkam:
Lärm der Armeen am Himmel, Rotes Meer, Olivenhain

Dieser Sechszeiler trifft genau auf *Idi Amin Dada* zu, der sich 1971 in Uganda an die Macht putschte und bis 1979 ein wahres Schreckensregime errichtete. 300 000 Menschen wurden während seiner Regierungszeit ermordet und man sagte ihm nach, dass Menschenfleisch zu seinen bevorzugten Delikatessen gehörte. Nach seinem Sturz flüchtete der schwarze Diktator zunächst nach Libyen, dann nach Saudi-Arabien, wo er bis heute im komfortablen Exil lebt.

1958 –61: Algerien und Frankreich im Krieg

3/9

Frankreich, von Arabern dermaßen entflammt:
um Regieren und Leben bewegt sich ihre große
Auseinandersetzung.
Die arabische Sprache ins Französisch übersetzt,
die Regierung ins Übel gebracht, und doppelte Zweifel.
Düsterer ziviler Hass und Streit
rächen das Unrecht unterlegener Feinde.

Ein mit äußerster Härte geführter Krieg in Nordafrika endet im März 1962 mit der vollen Unabhängigkeit Algeriens. Die ehemalige französische Kolonie war ein ständiger Unruheherd, der sich auch auf Frankreich ausdehnte. Aber auch nach der Unabhänigkeit geht das Morden weiter. Die OAS, eine Geheimorganisation, die sich der Entkolonisierung Algeriens entgegenstellte, setzt ihre Attentate und Bombenanschläge auch nach dem Abkommen fort.

USA – Sowjetunion:
Die Kubakrise im Jahr 1962

3/22

Der rote Gegner erblasst vor Angst,
kurz bevor der höchste Staatsrichter wechselt.
Inseln besetzt, hart versperrt die Hilfe,
Von einem zum anderen keine große Distanz,
nah vom Kampf und einer Seeschlacht,
bringt das Unternehmen große Verwirrung.

Amerikanische Aufklärungsflugzeuge fotografieren russische Raketenabschussrampen auf Kuba. Präsident John F. Kennedy reagiert mit einer Seeblockade vor der Nachbarinsel. Mehrere sowjetische Schiffe nehmen daraufhin Kurs auf Kuba, wo bereits ein russisches U-Boot nahe der Sperrzone wartet.

Die Welt hält den Atem an. Niemals war ein Atomkrieg so nahe! Nikita Chruschtschow lenkt schließlich ein und die russischen Schiffe drehen ab. Nachdem die USA eine Garantieerklärung abgeben, keine Invasion auf Kuba zu unternehmen, werden die Raketenbasen schließlich unter der Kontrolle der Vereinten Nationen wieder abgebaut...

Zwei Jahre später stirbt Kennedy und Chruschtschow wird abgewählt ('*die obersten Staatsrichter wechseln*').

Lange Friedenszeit, doch dann...

4/14

Gott verleiht für lange Zeit Frieden im Überfluss;
über Himmel und Erde hält man die Alleinherrschaft.
Stadt, Provinz, gewinnen durch die Veränderungen,
zeigen sich von hellem Glanz.
Später werden nach sehr langer Wartezeit
tote Körper vom Wasser, sagt man, an Land getragen.

Ferne Zukunft...? Wir, die Mitteleuropäer können im Jahr 2002 auf eine 57jährige Friedenszeit zurückblicken. Wie leben, gemessen an früheren Zeiten wie die Made im Speck. Gemütliche vier Wände, Wohlstand, Reisen in ferne Länder. Die Städte und Provinzen sind zusammengewachsen – alles zeigt sich 'von hellem Glanz'.

Alles vorbei? Was besagt die letzte Zeile dieser Voraussage? Vielleicht gehört der Sechszeiler 10/2, mit einer ebenfalls sehr mysteriösen letzten Zeile, zum gleichen angekündigten Ereignis:

57 Jahre Frieden

10/2

Nicht fern des großen Jahrtausends,
wird zum Kämpfen kein Zeichen gegeben.
Gesundheit, große Früchte, Freude und eine zuckersüße Zeit.
57 Jahre Frieden.
Treulos der Rechnungsführer, zum Volk verführerisch.
Danach spricht der König vom Ursprung der Kriege.

Diese Voraussage trifft ziemlich genau unsere Gegenwart.

Seit dem Zweiten Weltkrieg sind 57 Jahre ohne Krieg in Mitteleuropa vergangen ('kein Zeichen zum Kämpfen gegeben'). Gerade haben wir den Jahrtausendwechsel hinter uns gebracht, und nun müsste uns, sollte meine Interpretation dieser Voraussage richtig sein, ein Finanz- oder Wirtschaftsskandal im Jahr 2002 beschäftigen. Dass es daran nicht mangeln wird, darüber bin ich mir heute schon sicher. Vielleicht werden sogar riesige *Euro*-Schiebereien mit der im gleichen Jahr eingeführten neuen Europa-Währung bekannt?

Danach müssten wir uns dann anhören, warum ein hier nicht benannter Krieg überhaupt entstehen konnte. Vielleicht erfahren wir aber auch nur mehr über die Hintergründe des Afghanistan-Geschehens oder den Vietnamkrieg. Die letzte Zeile dieser Prophezeiung lässt alles offen – auch die Hoffnung...

1990–91:
Der Golfkrieg, Irak – Kuwait

2/17

Vor dem Konflikt fällt die große Mauer,
wenn der Hunger des Maultieres gestillt sein will.
Im Palast wird das Volk überlistet,
man nimmt sich nach Belieben Häuser, Felder und Städte.
Palastvögel, durch den Vogel verjagt
Ein wenig später wechselt das Glück enorm.

Als zeitlicher Hinweis für den Sechszeiler 2/17 dient der Fall der Berliner Mauer im gleichen Jahr.

August 1990. Der Irak marschiert in Kuwait ein. Die 'Palastvögel' (die Scheichs von Kuwait) werden durch andere Vögel (den Irak) verjagt. Saddam Hussein ignoriert dann aber das UN-Ultimatum und die Alliierten der westlichen Welt machen sich (nach einigen Embargos und Ultimaten) im Januar 1991 auf, Ziele im Irak. zu bombardieren – das Glück Husseins beginnt sich zu wenden.

Auch der nächste Sechszeiler behandelt den Golfkrieg:

Sieg der Alliierten über den Irak

2/18

Nach dem großen menschlichen Zwist folgt
weitaus Schlimmeres,
als jenes, das durch Babylon auf die Bestrafer zukommt:
Am Himmel, Feuer zu sehen – es fliegen lange Funken.
Der Islam im Orient gebrochen
vom Nordwind. Die Anstrengungen sind groß,
die Verbannten führt er zurück.

Nach der Besetzung Kuwaits folgt Schlimmeres als durch Babylon (antike Hauptstadt im heutigen Irak) auf die 'Bestrafer' zukam. Mit dem altfranzösischen *rouains* meint Nostradamus die Befürworter der Todesstrafe und des grausamen mittelalterlichen Räderns. Ähnliches wird ja in der islamischen Welt immer noch praktiziert (Kopf oder Hände abhacken, Steinigen etc). Die USA (der Nordwind) besiegt die 'Mutter aller Schlachten' und die Geflohenen können in ihr Land zurückkehren.

Der dritte Sechszeiler rundet die Golfkrieg-Voraussagen aus der zweiten Centurie ab. Saddams Truppen müssen weichen, aber sie zünden Ölquellen an oder lassen riesige Petroleummassen ins Meer fließen.

Brennende Ölquellen in Kuwait

2/25

Bei den Häfen und innerhalb zweier Städte,
ausfahrend, wer den Krieg entfesseln wird.
Der schwarze Krausbart, durch Sprengstoff
sieht man bei Sonnenaufgang ein großes Feuer.
Und durch gleichfalls jene großen Invasionen:
nichts zu erfahren, außer wer den Krieg vorantreibt.

Interessant ist die letzte Zeile, die den Hightech-Krieg und die Berichterstattung im Golfkrieg treffend beschreibt: Man erfuhr praktisch nichts, man sah keine Gefallenen, kein persönliches Leid, kein Blut – ein scheinbar 'sauberer' Krieg, bei dem die Alliierten ständig auf dem Vormarsch waren.

Naher Osten, Irak

8/12

Von Babylon, die Tochter der Verfolgung!
Schaufel der Bündnisse nicht ergriffen, die Hoffnung schwindet.
Durch Habsucht, durch Zwang und Gewalt,
wird er den Ketzern die Tür öffnen.
Jene des Terrors werden sie erdulden,
Aufhetzend und belügend – sieben Millionen.

Das biblische Babylon lag im heutigen Irak. Diese Voraussage könnte – da in dieser Form noch nicht eingetroffen – die weiteren Aktivitäten des Lenkers von Bagdad, Saddam Hussein, prophezeien: Allen Abmachungen, Zusagen und Bündnissen zum Trotz übt er weiter sein Terrorregime aus. Praktisch jeder erwachsene männliche Einwohner des Iraks (18 Mio. Einwohner, davon sind die Hälfte Kinder und Frauen) wird durch Propaganda aufgehetzt und steht zu seinem Führer.

Das Trauma scheint noch nicht zu Ende zu sein...

Die folgende Prophezeiung aus der vierten Centurie weist nach Indien und Pakistan, wo sich die zwei starken Nachbarn zunehmend von einander abwenden. Der schwelende Konflikt eskaliert schließlich und es kommt zum offenen Krieg. Der Einsatz von chemischen Waffen und die Detonation einer Atombombe scheint mir nicht ausgeschlossen zu sein.

Eine üble Voraussage, deren Erfüllung bis heute noch nicht eingetroffen ist und – hoffentlich niemals zur bitteren Realität wird!

Atomkrieg: Indien – Pakistan?
4/18

Der Gemeinschaftsgeist geht immer mehr zurück,
dass die Schlacht nahe vom Ganges entbrennt.
Durch verborgenes Feuer, durch Hitze,
großer Ort entzündet sich,
Feuer, Blut, Hautausschläge, keinerlei Wasser,
es fehlt an Getreide.
Dreißigfache Wachen und die Tore aufgebrochen –
niemals gab es einen so furchtsamen Blitz!

Da wo die Politik versagt, sprechen schließlich die Waffen. Noch brüsten sich in dieser Region das hinduistische Indien und islamische Pakistan 'nur' mit unterirdischen Atombombentests. Diese Versuche könnten z.B. mit dem "verborgenen Feuer" und den beschriebenen Folgewirkungen gemeint sein.

Hintergrund des beiderseitigen Aufplusterns durch die Machtdemonstration von nuklearen Sprengungen ist der Streit um das im Himalaja liegenden *Kaschmir*, ein Gebiet, das 1949 unter Indien und Pakistan aufgeteilt wurde, das aber beide für sich allein beanspruchen. Inzwischen fühlt sich auch China durch die einsatzbereiten indischen *Agni*-Langstreckenraketen, die weite Teile Chinas erreichen könnten, bedroht, was in der Vergangenheit immer wieder zu Spannungen zwischen den beiden Ländern führte. Diese Sorge Chinas ist nicht ganz unbegründet, da Indiens Politik konsequent die unumschränkte Vormachtsstellung in Asien anstrebt. – Die Prophezeiung ist also äußerst beunruhigend...

Die 21 Restzeilen der 3. Centurie: Endzeit – Naher Osten ?

Das Bild, dass die 21 Restzeilen der dritten Centurie vermitteln, sollte die Menschheit zum Umdenken ermahnen. Die Hoffnung, hierbei könnte es sich um die längst zurückliegende Expansion des Osmanischen Reichs handeln, machen die 'Heuschrecken' zunichte, die man wohl als Flugzeuge und Luftangriffe verstehen muss.

Wenn nah sein wird, der Fehler der Monde:
Kälte, Trockenheit, Gefahren an den Grenzen –
ziemlich langes Gebrechen der beiden großen Gestirne,
von der Erde aus schreit man zum Himmel um Hilfe.
Kreuz zurückgeschlagen durch die Mohammedaner.
Auf den Feldern von Mede (?), Arabien und Armenien,
versammeln sich dreimal zwei große Truppen
vom großen Soliman, zur Erde werden sie fallen.
Fremde Truppen verwüsten viel Land,
wenn die Stadt den Ketzer verdammt,
der ihre Gesetze, wie ihnen dünkt, veränderte.
Wenige Jahre danach gibt es kein Getreide, keine Gerste,
vom Orient wird er Hilfe für sich erbitten.
Die nahe Hoffnung kommt dann prompt,
doch nicht rechtzeitig genug, da ein Fünfzehntel tot.
Durch ganz Asien, große Unterdrückung,
Gleiches in Mysien, Lydien und Pamphylien (Südtürkei),
Hilfe nähert sich, und recht weit entfernt die Heilmittel.
Die Heuschrecken, Erde und Meer in günstigem Wind,
vom Geschrei der Feinde fallen die Schleier,
dann wird durch einen großen Schlag große Klarheit sein.

Die Prophezeiung spricht von einem seltsamen Himmelsereignis (Mond- und Sonnenfinsternisse? Kosmische Katastrophe?) und mehreren Zusammenstößen im Nahen Osten. Westliche Truppen (die Armee des Kreuzes) werden zunächst in der arabischen Welt zurückgeschlagen, danach folgen drei massive Kriege durch zwei Truppen.

Dass diese Heere 'vor dem großen *Soliman* (Araber) zur Erde fallen', könnte bedeuten, dass sie entweder geschlagen werden, oder (aufgrund der Folgezeilen ist das wahrscheinlicher) dass Luftlandetruppen, Fallschirmjäger usw. in der arabischen Welt niedergehen und danach das Land verwüsten.

Die restlichen Zeilen sprechen von einer anschließenden Hungersnot, von der Hilfe, die dann zuteil wird und von einer neuen letzten Auseinandersetzung, die dann wohl ein für allemal die zukünftigen Richtlinien zwischen Gewinnern und Verlierern festlegt. Die gesamte 21zeilige Prophezeiung beschreibt tiefgreifende Ereignisse, die sich eher über einen längeren Zeitraum erstrecken – gewonnene und verlorene Schlachten, das erneute Aufflammen eines Krieges, Rückzug, erneute Angriffe und, wie es scheint, auch größere Verluste.

Stehen wir vielleicht – ohne es bewusst zu erkennen – gerade am Anfang der vorhergesagten Auseinandersetzungen? Sind die gegenwärtigen Krisenherde lediglich der Beginn eines großen 'Aufräumens' – mit Hintergründen, die man uns verschweigt? Weitet sich der Konflikt weiter aus? Und wenn ja – wird es am Ende wirklich einen Gewinner geben oder werden wir dabei alle zu großen Verlierern...?

Der Dritte Weltkrieg ?

Eine andere Prophezeiung aus 21 Zeilen (die Restzeilen aus der 10. Centurie) beschreiben dramatisch einen weiteren großen Krieg, welcher auch das Ende der Voraussagen bilden könnte.

Da sich Nostradamus – oder wer immer der Verfasser gewesen sein mag – hier sogar die Mühe machte, die bereits entschlüsselte Voraussage zusätzlich durch einen Trick zu entfremden, sollte man ihr besondere Aufmerksamkeit widmen:

Die 21 Restzeilen der 10. Centurie:

Gefangen, zu Tode erdrosselt, und der Rest im Hemd!
Große Besiegte, einig im Glauben verbunden,
Die meisten werden in den Koloss fliehen.
mit Schwert, Feuer, Wasser, blutreich und unmenschlich!
das Obere nach unten, das Untere nach oben gemacht,
Hinausreichend über die Spitze und die Enden Europas,
wird ihre große Truppe durch die Bande geschlagen.
Mit Gewalt vergiftetes Schwefelwasser trinkend,
Durch Spieß und Feuer enorme Gewalt.
Die rundherum Aufgestellten errichten hohe Plattformen.
begleitet von jenen des Nordens.
und gegen den König von Babylon ziehen,
Das große Reich des Todes wird er so groß dort errichten
Weinen, Schreie und Blut, niemals eine Zeit so bitter.
der ganze Senat wird unter seiner Macht sein.
Nicht alle gehorchen dem westlichen Edikt,
durch Meer und Land, den Süden unterwerfend!
Das wird schlecht gemacht, erdrückend der Halbmond,
Religion vom Namen der Meere wird siegen.
alles durcheinander, allgemeines Ungeheuer.
Große Truppen überqueren Land und Meer,

Die Voraussage ist lesbar, aber doch klingt einiges an ihr zusammenhanglos und diffus. Zwar ist es bei Nostradamus nirgends erwähnt, dennoch hat es den Anschein, als müsse man diese Zeilen von unten nach oben lesen. Erst dann werden sie sinnvoll und ergeben ein relativ übersichtliches Ganzes.

Die Prophezeiung kündigt so gelesen eine große Auseinandersetzung zwischen der westlichen Welt und dem Islam an.

Ähnliches passierte aber schon einmal vor einigen hundert Jahren, dass es schwer fällt, die Prophezeiung zeitlich einzuordnen.

Damals beherrschte das mächtige Osmanische Reich praktisch den gesamten Mittelmeerraum bis nach Österreich und Ungarn hinein. Unzählige Kriege und Schlachten mussten geführt werden, um die erdrückende Vorherrschaft des großen türkisch-osmanischen Reichs in Europa zu beenden.

Einige Zeilen lassen allerdings aufhorchen: Einen großen Koloss (Bunker) in den sich die Menschen flüchten, findet man in der Geschichtsschreibung ebenso wenig, wie das 'vergiftete Schwefelwasser' bzw. 'Blitz und Feuer', welche man als Raketen interpretieren könnte.

Osmanisches Reich oder Dritter Weltkrieg? Wir können eigentlich nur hoffen, dass die Prophezeiung eine längst vergangene Epoche beschreibt und uns diese furchtbare Auseinandersetzung erspart bleibt...

Der blaue Planet

In den Centurien wimmelt es praktisch vor bisher noch nicht eingetroffenen Voraussagen, die unsere Umwelt betreffen. Kosmische Katastrophen, Überschwemmungen, Erdbeben, immense Trockenheiten und Kälteeinbrüche, aber auch globale klimatische Veränderungen werden vorhergesagt. Diese Voraussagen gipfeln in dem 21-Zeiler (Sie wissen inzwischen was das ist?) der zweiten Centurie, wo sich auch die meisten sechszeiligen Prophezeiungen mit Umweltkatastrophen auseinandersetzen.

Durch die Hitze der Sonne über dem Meer
wird uns eine sehr finstere Epoche erwarten.
Bezaubernd die Tempel, der Schatz wird vorgezeigt.
Die große Röhre ist im Bösen verborgen,
überwindet vom Himmel die Gewässer und Schnee.
Nie hörte man Entsetzlicheres, nie schlechtere Meldungen!
Sie verteilen Tod, verwunden sonderbar!
Wolke lässt zwei Sonnen erscheinen,
zu sehr beweint der Himmel die Zeugung des Zwitters.
In mehreren Nächten bebt die Erde
und im Frühjahr folgen zwei weitere Erschütterungen.
Die große Seuche von der Seestadt –
Tochter ohne Hände, zu unterschiedliche Fachgebiete,
ohne Hand und Fuß, spitze und starke Zähne!
Auf dem Ozean wird das Tor geöffnet sein,
der Pfeil des Himmels wird sich ausdehnen,
über der Röhre des Beatmungs-Stockwerkes.
Keine von Menschen geschaffene Maschine könnte das vollbringen:
Es wird dahineilen, die gesamte Erde zu verwüsten,
die Erde wirft sich auf, die Luft kehrt zur Erde zurück,
die besiedelten Orte sind unbewohnbar geworden!

Einen Kommentar dazu kann man sich eigentlich ersparen.

Hier wird ein Umweltdilemma größten Ausmaßes beschrieben, das ganz offensichtlich von außen (durch Menschenhand?) herbeigeführt wird. Beruhigend an diesem sehr ausführlichen Bericht ist eigentlich nur die Tatsache, dass hier im logischen Ablauf einiges nicht zu stimmen scheint.

Einmal spricht Nostradamus von einer Art Hehrzeigemodell, einem neuen Prototyp, den man stolz der Menschheit präsentiert (*bezaubernd die Tempel, der Schatz wird vorgezeigt*), andererseits sagt uns die Vorhersage, dass kein Mensch so etwas Entsetzliches je erfinden könne. Wenn in diesem Drama also nicht zwei unterschiedliche Dinge (Ursache und Wirkung?) ineinander greifen (z.B. der Pfeil des Himmels und das Böse in der Röhre), dann wird diese Prophezeiung verwirrend und vielleicht sogar unrealistisch.

Weitaus deutlicher ist die Voraussage über den Supergau von Tschernobyl aus dem Jahr 1986, der bereits in einem vorangegangenen Kapitel besprochen wurde:

Dreimal atomarer Supergau

3/34

In den verschlossenen Tempeln schlägt der Blitz ein.
Mächtige Seuche kommt mit der großen Hülse:
Zuerst kommt es am Dnjepr (Tschernobyl) zum Verfallen.
Der Himmel verdunkelt sich plötzlich in Flandern:
Sein großer Nachbar tritt in seine Fußstapfen,
will seinem blühenden Glück folgen.

Noch einmal in Kürze: Am Dnjepr liegt das Kernkraftwerk von Tschernobyl, wo ein Supergau 1986 die Welt schockierte. Der zweite Teil der Voraussage ist noch nicht eingetreten.

Hierbei könnte es sich um einen weiteren Unfall in Belgien oder Holland handeln und um einen erneuten Unfall in Frankreich oder Deutschland, den großen Nachbarn von 'Flandern'.

Verseuchtes Mittelmeer

2/11

Neue Tyrannen, Blitzen (Ruß), Feuerhimmel.
Alle Strände wieder aufgebrochen und verwüstet/trostlos,
der Nabel der Welt wird einer viel größeren Stimme zugeteilt.
Danach, von Monaco bis fast nach Sizilien:
Gift versteckt in den Köpfen der Fische;
die Einwohner werden kommen, sie aufzuschneiden

Eine Umweltkatastrophe am oder im Mittelmeer. Das Problem beschäftigt praktisch die ganze Welt. Den betroffenen Ländern wird die Entscheidungsfreiheit genommen (Notstand) und die größere Stimme (UNO ?) bestimmt ab nun, was umweltpolitisch notwendig ist. Das verseuchte Mittelmeer wird zum Krisenherd ausgerufen...

1990 bis heute: Das Wetter spielt verrückt!

2/30

Neuer und plötzlicher Regen, ungestüm,
dass man nichts, als mit Wasser bedecktes Land sehen wird.
Norden, vom Donaudelta kommend, Fluss und Wein verwüstet.
Regen, Blut, Milch, Hunger, Feuer und Seuchen,
außer den herausragenden Bäumen wird man
nichts Grünes sehen.
Ihre große Stadt wird nach dem Wasser stark verwirrt.

Umweltkatastrophen und riesige Überschwemmungen in den 90er Jahren. Schlammlawinen in den Voralpen – das Wetter spielte absolut verrückt – und die Katastrophen rissen nicht ab! Von der Klimaveränderung und den immer heftiger werdenden Stürmen und Überschwemmungen sind inzwischen nahezu alle Länder Mitteleuropas betroffen. Sind sie nur Vorboten des Schreckens?

Auch in der vierten Centurie befasst sich ein Sechszeiler mit verheerenden Überschwemmungen und danach folgenden Seuchen. Die Abkürzung *Kap.* muss in dieser Prophezeiungen wohl als Synonym/Kürzel für die Region, das Land oder die Stadt stehen, wo die Überschwemmungen auftreten werden.

Sintflutartiger Regen und Seuchen!

9/4

Vor dem Ereignis wird der Himmel Zeichen geben.
Das folgende Jahr durch Überschwemmung entblößt,
so schrecklich stark, bei Jung, Alt und Tier,
Blut, Feuer, Überschwemmung, die größten, die es je hier gab!
Kap. Kein sicheres Land zum Wohnen habend,
durch die starke Überschwemmung und Seuche.

Gigantische Klimaveränderungen!

10/11

Nicht weit entfernt von der Stadt der Impfstoffe
lassen Erde und Luft riesige Wassermassen gefrieren,
dass die am höchsten entwickelte Tierwelt dem Frost unterliegt.
Kurz davor wird sich das Loch wegen des Objektes dermaßen ausdehnen,
so groß werden, durch den mittäglichen Nordwind,
so sehr und heftig, dass Schnee fallen wird.

Die Prophezeiung klingt nach einem Unfall, nach einer mächtigen Explosion in einem Chemiewerk. Dadurch werden große Mengen an Gasen, Giften oder Chemikalien freigesetzt, welche die Luft zu Eis erstarren lassen und regional das Wetter einschneidend verändern. Mit dem sich 'ausweitenden Loch' könnte auch das Ozonloch gemeint sein, welches sich durch ein von Menschenhand geschaffenes Objekt plötzlich enorm ausdehnt.

Das Ausmaß der Katastrophe dürfte immens sein, wenn selbst die Heimat der Primaten (z.B. Affen) dem Frost unterliegt. Die *Stadt der Impfstoffe* könnte überall dort sein, wo pharmazeutische Präparate in großen Mengen hergestellt werden.

Umweltkatastrophe Zukunft: **Frankreich, Schweiz, Süddeutschland**

2/40

Blitz in Burgund, dumpf vom Donner getragen:
Über den schweizer Bergen und Schwaben kalter Staubregen.
Ein bisschen später, in kurzen Intervallen,
wird die Stimme des seltsamen Vogels vernommen,
wo sie, wenige Ausnahmen, zu Tode ersticken.
Wegen des Feuers am Himmel ist die Stadt fast verbrannt.

Diese Prophezeiung ist recht deutlich. Burgund, das ist das östliche Frankreich, nahe der schweizerischen und deutschen Grenzen. Die Voraussage klingt nach einem atomaren Supergau oder wie die Beschreibung der Explosion von einer chemischen Fabrik oder Raffinerie. Geografisch wäre z.B. die Industriestadt Lyon als Verursacherin denkbar. Mit der Stimme des seltsamen Vogels könnte das Geheul von Sirenen gemeint sein – eine Warnung, die jedoch für die meisten Menschen in dieser Region zu spät kommen wird.

Ein Feuer, das fast die ganze Stadt in Schutt und Asche legt, muss gigantische Ausmaße haben – eine unbeschreibliche Katastrophe, deren Auswirkungen (kalter Staubregen) noch Hunderte von Kilometern weiter ostwärts mitgetragen werden müssen!

Giftige Wolken – Massensterben

4/4

Der Stinker zerstört die alte Stadt:
Man sieht die Sonne durch weiß-gelbliche Dämpfe,
während Genf, in Tränen und Verzweiflung,
über sieben Stunden nichts anderes macht, als zu schreien.
Viele Deutsche, noch mehr Schweizer
tauchen in den Geist der Stille und Ruhe ein!

Nostradamus beschreibt hier ein Umweltdrama großen Ausmaßes, welches seinen Ursprung wohl in der Schweiz hat, dessen Auswirkungen aber bis weit nach Deutschland hinein zum Tragen kommen. Genf und seine Umgebung scheinen besonders hart von der weiß-gelblichen Giftwolke betroffen zu sein.

Die letzte Zeile kann eigentlich nur bedeuten, dass zahllose Menschen bei dieser Giftgas-Katastrophe den Tod finden werden. In welcher 'alten Stadt' die als 'Stinker' bezeichnete Fabrik stehen könnte, wird man wohl erst dann wissen, falls sich die Prophezeiung, wie im Sechszeiler beschrieben, erfüllen sollte.

Drama der Zukunft: Lausanne wird evakuiert

8/32

Fürchterlicher Gestank liegt über Lausanne,
und für eine lange Zeit wird es nicht gestoppt.
Man wird alle Leute rausbringen, weit entfernt,
da man weder sicheren Ort noch Land haben wird.
Durch die Polizei werden die Erklärungen verborgen,
dass man die Ursachen der Tat nicht erfahren wird.

Für die Stadt Lausanne, auch in der westlichen Schweiz am Genfer See gelegen, wird ebenfalls ein Umweltskandal prophezeit. Da sich die Verseuchung in dieser Region – es handelt sich wohl um mehr, als nur um eine 'Geruchsbelästigung' – immer weiter ausbreitet, wird die ganze Stadt schließlich evakuiert.

Die beiden letzten Zeilen erwecken den Anschein, als würden die Urheber dieser Voraussage bestens mit unserer gegenwärtigen Zeit vertraut sein: Durch die Behörden werden die Ursachen wieder einmal vertuscht, Informationen werden zurückgehalten: –

Jetztzeit, wie man sie kaum besser schildern könnte!

Explosionen am Nordpol

2/16

Lärm und Lichtschein weisen zum kalten Norden:
Innen gelegt, um die Bollwerke zu zerbrechen,
der Tod der Sieben. Erde und Meer – plötzlich
ereignet es sich dort, wo (der) Pol seinen Eingang übertritt:
Unter Bögen, Feuer, Pech, durchs Feuer verschreckt,
verbrannt durch Blitz von Dreiundzwanzig die Sechs.

Auch diese Prophezeiung gehört zum Thema Umweltkatastrophen, auch wenn es sich hierbei um ein örtlich begrenztes Ereignis (nahe des Nordpols?) handelt. Die ersten beiden Zeilen beschreiben eine absichtlich durchgeführte Sprengung (oder Sabotage?), die dann ins Uferlose ausartet. Die letzte Zeile klingt besonders rätselhaft: "*verbrannt durch einen Blitz, von 23 die Sechs*" – im Voraus kaum zu deuten...

Ein weiterer Sechszeiler aus der 2. Centurie betrifft unsere heutige Zeit, denn mit dem 'großen Regenten, der die Jahrhunderte erneuert', ist sicherlich der Jahrtausendwechsel gemeint.

Von Giften ist hier die Rede, jedoch nicht von einem Angriff mit chemischen Waffen. Hier könnte es sich um einen Reaktorunfall handeln, bei dem die Ursachen zunächst vertuscht, dann jedoch allmählich bekannt werden und den Verursacher an den Rand des wirtschaftlichen Ruins bringen:

Giftgas über Russland?
Die Ursachen werden vertuscht

2/9

Der große Regent erneuert die Jahrhunderte.
Der große, alte Feind geht am Gift zu Grunde.
Vom Verkünder wird das Geheime verstopft,
doch seine Unterschlagungen bringen schon bald Probleme.
Die öffentliche Kasse, zu Land und Wasser verschleudert,
dass man glatt darüber hinweggeht.

Eine sehr merkwürdige Prophezeiung aus der 3. Centurie berichtet über milchig-weißen Regen und ein anderes Phänomen:

Himmelserscheinung oder Monster?

3/32

Nach dem Milchregen, ziemlich lange anhaltend,
durch erschlaffte Bögen für längere Zeit schon gespalten,
wird man den ganzen Tag über das Monster sehen:
Von der Erde ergriffen und in der Luft schwebend,
von menschlichen Antlitz, am Ende fischähnlich –
ein scheußlicheres Monster tauchte nie auf der Erde auf!

"Nach dem Milchregen" könnte zwar symbolisch auch für eine längere Zeit des Wohlstandes stehen, der gesamte Versaufbau spricht aber eher für einen ungewöhnlichen milchigweißen Regenfall. Danach, hervorgerufen durch "erschlaffte, gespaltene Bögen" (vielleicht eine marode gewordene technische Einrichtung?) sieht man ein am Himmel schwebendes, scheußliches Monster (?) mit menschlichem Gesicht und einem Fischschwanz – vermutlich durch die Schwerkraft der Erde angezogen.

Bei dieser seltsamen Schilderung reicht die Phantasie nicht aus, um sich vorzustellen, was Nostradamus hier zu beschreiben versucht. Ein Raumschiff – aber mit menschlichem Antlitz und Fischschwanz...? Wohl kaum. Der Schwebezustand schließt auch einen Kometen aus. Vielleicht ein wolkenähnliches Gebilde oder eine halluzinative, holographische Projektion?

In einigen sehr alten Religionen tauchten ähnliche Wesen mit menschlichem Kopf und Fischschwanz auf, wie z.B. das Wesen *Oannes* (Babylon, Chaldäa), das tagsüber aus dem Meer kam, um die Menschen die Schreibkünste und Wissenschaften zu lehren...

Der Planet bäumt sich auf:
Rom wird fast völlig zerstört!

10/24

Freude unter den Menschen, die Wasserleitung erneuert,
oh unermessliches Rom, dein Ruin nähert sich,
dass man glauben wird, Deukalion sei wiedergeboren!
Das Beben so stark im Monat Mai,
bringt Erde, Meer und Länder zum Erzittern,
dass die Verstorbenen aus ihrem Grab steigen werden!

Rom: Ein verheerendes Erdbeben, begleitet von sintflutartigen Überschwemmungen (*Deukalion*), soll im Mai die Stadt des Heiligen Stuhls nahezu völlig zerstören. Und dies mit einer solchen Heftigkeit, dass man glauben wird, der Tag des Jüngsten Gerichts sei gekommen!

Die erste Zeile deutet an, dass dieses Unheil ganz unverhofft in einer Zeit erwartet werden muss, in der es den Menschen gut ergeht. Eine Zeit ohne Hunger, Kriege oder Probleme. Da eine derartige Katastrophe Rom bis heute noch nicht heimgesucht hat, handelt es sich bei der Voraussage wohl um ein zukünftiges Ereignis.

Schreckens-Szenar Zukunft:
Kochende Flüsse und Seen – welche Großstadt trifft es?

5/24
Am Ende des Krebs herrscht riesige Dürre.
In der Stadt, vom großen Herrscher bewohnt,
wird ein Meeresungeheuer aus anderen Meeren gefunden.
Man wird warten, dass die Frist auslaufen möge:
Fische im Meer, Flüssen, Seen, schwindsüchtig gekocht.
Ein wenig davor wird das Monster Vapin geboren!

Mitte Juli (Ende des Sternzeichen Krebs) wird in einer am Meer liegenden Großstadt ein angeschwemmtes oder gestrandetes 'Meeresungeheuer' entdeckt. Hierbei könnte es sich z.B. um ein Atom-U-Boot handeln oder um das Wrack eines abgestürzten Ufos. Der Hinweis *"Man wird warten, dass die Frist auslaufen möge"*, lässt sich mit einem gestrandeten Wal kaum in Verbindung bringen.

Denkbar wäre ein technisches 'Ungeheuer' mit einer unvorstellbaren Hitzequelle, durch das dann auch die Fische im Meer, im Flusszulauf und einem nahe liegenden See bis auf die Gräten 'schwindsüchtig' gekocht werden könnten.

Eine andere Möglichkeit: Durch extreme Trockenheit und Dürre trocknen Seen und Flüsse aus und dort, wo zuvor alles mit Wasser bedeckt war, taucht nun dieses 'Ungeheuer' auf, bei dem man erst einmal abwartet, ob der unbekannte Schrecken von selbst enden wird.

Eine sehr rätselhafte Vorhersage, vielleicht den 'großen Herrscher' USA betreffend. Auch das Monster *Vapin*, dass kurz vor diesem Ereignis geboren werden soll, gibt Rätsel auf. Was aber auch immer passieren mag – die Umwelt erleidet großen Schaden durch diesen Vorfall...

Zwei aufeinander folgende Sechszeiler aus der vierten Centurie zeichnen ein völlig anderes Schreckensszenarium. Aber auch hier ist unsere Umwelt stark betroffen:

Schwarze Löcher – Antimaterie?

4/39

Glühende Sonne strömt in den Schlund:
alles wird stärker bestehen, dann aus der Mitte entfernt.
Von den meisten Wissenschaften über
die himmlischen Vorgänge
wird das allgemeine Gesetz ins Gegenteil verdreht.
Vernebelt wegen ihrer Vernunftsgründe,
wird das Geheimnis erst nach Hunger und Seuchen gelüftet.

Wie bei den meisten Prophezeiungen für Umwelt, Wissenschaften und neue Erfindungen lässt auch dieser Sechszeiler zahlreiche Fragen offen. Bei dieser Voraussage handelt es sich jedoch eindeutig um ein Himmelsphänomen, das von der Wissenschaft bisher völlig falsch gedeutet wurde.

Vielleicht geht es in diesen Zeilen um die 'Schwarzen Löcher' im All, die Antimaterie erzeugen sollen. Möglicherweise werden uns eines Tages Bilder aus dem Weltall präsentiert, die den Augenblick einer Sonne festhielten, die gerade von einem solchen schwarzen Loch aufgesogenen wird...?

Kosmischer Schock: Verändern sich die Pole der Erde?

4/16

Mehr als elfmal wünscht der Mond die Sonne nicht,
die Luft, sehr trocken – zieht sich lange dahin:
Meer, Land, Menschen, ihr Zustand ändert sich.
Die Klarheit der Sonne weicht ins Bewölkte ab,
die Schwachen sterben im weißen Gelände.
Alles vergrößert sich und fällt vom Grad ab!

Elf Finsternisse – die Sonne vollkommen vom Mond verdeckt – künden eine kosmische Katastrophe mit immensen Umwälzungen für unseren Heimatplaneten an. Eine Prophezeiung der Endzeit...? Eine trüber werdende Sonne, trockene Eiseskälte mit weiten Schneelandschaften – die Erde im Wandel zu einer neuen Eiszeit? Ähnliche Gedanken drängen sich beim Lesen dieser Prophezeiung unwillkürlich auf.

Der letzte Satz, "*Alles vergrößert sich und fällt vom Grad ab*" kann eigentlich nur eine Verschiebung der Erdachse mit den sich verändernden Polen beschreiben. Dadurch könnte sich optisch für ganze Landstriche und Kontinente die Entfernung zum All verändern und die Sterne größer wirken lassen. Dies würde dann auch die zunehmende Kälte, Schnee und Vereisungen erklären, denen zahllose Menschen zum Opfer fallen sollen.

Das gesamte Gleichgewicht der Erde würde schon durch leichte Verschiebungen der Erdachse völlig aus den Fugen geraten, was dann tiefgreifende Veränderungen auf jedem Punkt unseres Heimatplaneten zur Folge hätte...

Ein kosmisches Ereignis völlig anderer Art wird in der dritten Centurie vorgestellt:

1917: **Das Sonnenwunder von Fatima**

3/12

Der Baum, welcher für sehr lange Zeit verdörrt war,
nach seinem Tod wird man ein großes Wunder sehen,
im tiefsten Westen von Europa:
Dann, wenn die Untugend der Sonne sein wird,
da durch ihre unerwartete Veränderung das Zeitalter naht,
das später aus weiter Wunde bluten wird.

Im Mai 1917 kam es in der *Cova da Iria*, nahe des portugiesischen Dörfchens Fatima, zu einem Ereignis, das rasch Weltruhm erlangen sollte: Drei Kindern, der zehnjährigen Lucia do

Santos und den Geschwistern Francisco (9) und Jacinta Marto (7), erschien, von einem heftigen Blitz und strahlendem Licht begleitet, in der Krone eines abgestorbenen Baumes eine weibliche Lichtgestalt von beeindruckender Schönheit, die sich den Kindern als die Jungfrau Maria zu erkennen gab.

An jedem 13. Tag der kommenden Monate werde sie wiederkommen, sagte die Lichtgestalt, und bei ihrer letzten Wiederkehr am 13. Oktober, werde sie ein großes Wunder vollbringen. Monat für Monat begleiteten ab nun immer mehr Menschen die Kinder zum Ort der Marienerscheinung.

13. Oktober 1917: Die sechste und letzte Erscheinung.

Trotz des strömenden Regens haben sich an diesem Tag rund 70 000 Menschen bei der alten Steineiche versammelt. Unter ihnen auch die Berichterstatter vieler namhafter Tageszeitungen. Man erwartet an diesem Tag das von der Jungfrau Maria angekündigte Wunder.

Für die drei Kinder läuft auch an diesem Tag alles ab wie die außergewöhnlichen Begegnungen, die vorausgegangen waren: Francisco sieht die Erscheinung, kann aber nichts hören, die beiden Mädchen hingegen sehen sie und hören sie auch sprechen. Die Heilige Jungfrau trägt ihnen erneut die Botschaft auf, die Menschheit zur Umkehr zu bewegen – eine Botschaft zu mehr Nächstenliebe und innerer Wandlung.

Die Erscheinung segnet die drei Kinder noch einmal, dann verschwindet sie und im gleichen Augenblick zerreißt der dichte Wolkenvorhang, es hört auf zu regnen, und die Sonne zeigt sich wie eine in hellem Silber glänzende Scheibe am Himmel. Vor den Augen der fassungslosen 70 000 Menschen beginnt sie sich dann mit rasender Geschwindigkeit zu drehen. Funken und Flammen sprühen nach allen Seiten, die rotierende Scheibe beginnt nun ständig ihre Farben zu ändern und die umhersprühenden Lichterscheinungen tauchen das gesamte Szenarium an der alten Eiche mal in blaues, mal in rotes, gelbes oder violettes Licht.

Dieses Wunder wiederholt sich nach kurzen Pausen dreimal, insgesamt etwa zehn Minuten lang. Die 70 000 Menschen an diesem Ort sind wie gelähmt, starren gebannt zum Himmel oder murmeln inbrünstig Gebete.

Das Schauspiel wird am Ende immer grandioser. Die Sonne scheint sich plötzlich von ihrem festen Standort zu lösen und stürzt funkensprühend in unvorhersehbaren Zickzack-Kursen auf die Erde zu. In einem Umkreis von 40 Kilometern wird das gleiche Phänomen von Hunderten beobachtet und später bezeugt.

Das Zeitalter, von dem es in der Nostradamus-Prophezeiung heißt, dass es 'später aus weiter Wunde bluten wird', ist die Epoche der beiden Weltkriege, die Millionen Menschenleben kostete – eine Voraussage, die sich Zeile für Zeile tatsächlich erfüllt hat...

Wissenschaft und Technik

Erfindungen, die noch nicht gemacht wurden, haben in der Regel einen großen Nachteil: wir können sie nicht beschreiben, weil sie noch gar nicht existieren. Würden sie uns jedoch – jeder Logik zum Trotze – von einem allwissenden Genie dennoch be-schrieben werden, wären wir vermutlich unfähig zu begreifen, was uns der Mensch da gerade so mühsam zu erklären versucht.

Willkommen im Kapitel des Unbegreifbaren!

Merkwürdiges wird hier zur Sprache kommen. Einiges davon ist nur verständlich, weil wir heute leben und nicht vor 200 Jahren, wo vermutlich selbst die jetzt entschlüsselten technischen Ereignisse auf absolutes Unverständnis gestoßen wären. Zahlreiche Voraussagen dieser Art wurden bereits im Kapitel "Die erste Centurie" vorgestellt. Hier folgen nun die oft skurrilen Sechszeiler aus den Centurien 2 bis 10.

Bei all diesen Beschreibungen fällt auf, dass so bahnbrechende Erfindungen wie die Dampfmaschine, das Auto, Elektrizität, Zeppeline oder Flugzeuge mit keinem einzigen Wort erwähnt werden. Das ist etwas enttäuschend, denn Voraussagen wie das nachfolgende, selbst konstruierte Beispiel wären ganz sicher Weihrauch für unsere Seele gewesen:

Erfindung des Flugzeuges

Zwei Brüder, geboren in der fernen Welt,
Eisen, emporgetragen auf silbrigen Flügeln,
über Erde und Flüsse werden sie dahineilen,
nahe des seltsamen Jahrhunderts.
Funken, Lärm, hoch durch die Lüfte, werden Große folgen
und Menschenmassen über die Meere transportieren.

Doch – so etwas hätte mir gefallen. Und ich muss gestehen, dass ich zunächst enttäuscht war, nicht einmal ansatzweise ähnliches in den Prophezeiungen vorzufinden. Den Grund dafür erkennt man jedoch rasch, wenn man sich die Vorhersagen etwas genauer ansieht: sie alle sind mit einem Ereignis verknüpft! Das gilt für technische oder medizinische Errungenschaften, für Könige und Regierungschefs oder für Päpste gleichermaßen.

Es existieren keine Portraits oder technische Beschreibungen, es sei denn, sie sind mit einem wichtigen Ereignis der Weltgeschichte verbunden. Napoleon, Hitler, Kennedy oder Michail Gorbatschow – ihre Beschreibung wird stets von einem Ereignis begleitet. Und dies gilt auch für die Voraussagen über technische Wunderdinge. Ich bin sicher, wir hätten selbst über unseren vierrädrigen liebsten Freund, das Auto, etwas in den Centurien nachlesen können, wäre es in den letzten Jahren zu einer Massenkarambolage von 30.000 Fahrzeugen gekommen...

Dass ausschließlich Ereignisse in den Voraussagen Berücksichtigung finden, erhärtet erneut meinen Verdacht, dass die angekündigten Dinge vermutlich nicht prophetischen Ursprungs sind, sondern aus einem vorhandenen Geschichtsbuch abgeschrieben wurden. Die Erfindung des Automobils findet man in modernen Chronikwerken nur in speziellen Büchern, nicht aber in der "Geschichte der Menschheit".

Könnte es nicht sein, dass das Buch vom 'Kaiser des Phönix', eine solche Dokumentation des Weltgeschehens darstellt? Ein Buch, in welchem die Geschichte der Menschheit, Kriege, Seeschlachten, große Ereignisse, beschrieben wurden? Solche Bildbände und Dokumentationen gibt es zu Tausenden in jeder Sprache. Gute und schlechte, präzise und oberflächlich geschriebene. Könnte es nicht sein, dass eines dieser Bücher in eine weit zurückliegende Zeit teleportiert wurde?

Ein aufregendes Experiment, dass von Wissenschaftlern aus unserer oder einer späteren Zeit durchgeführt wurde oder wird? Gott, wenn dem so wäre – was würde ich darum geben, Nostradamus' Augen zu sehen, als der Bursche einen 1000 Seiten starken, mit Fotos vollgespickten Chronikband aus unserem Jahrhundert durchblätterte! Oder man stelle sich nur einmal vor, uns würde das Glück zuteil, ein Buch in die Hände zu bekommen, in welchem die nächsten 50 Jahre lückenlos dokumentiert sind!

Wie würden wir reagieren? Würden wir das uns so unerwartet zugeflossene Wissen uneigennützig nutzen oder (pfui!) persönliche Vorteile daraus ziehen? *Ich* muss da nicht lange nachdenken: Ray O. Nolan wäre ein Pfui-Typ – und Sie...?

Leider findet man in derartigen Chroniken selten Börsenberichte oder die Lottozahlen fürs kommende Jahr. Dennoch wäre ein solches Dokument pures Gold wert, weil man seine Nase nach dem Wind richten und auf die Gewinner der Zukunft setzen kann. In diesem Zusammenhang sei einmal erwähnt, dass Nostradamus nicht nur als reicher Mann starb, sondern – aus heutiger Sicht – als mehrfacher Millionär. Ich denke, er wusste seinen Informationsvorsprung recht sinnvoll in seiner Zeit einzusetzen...

So möge denn ein Sechszeiler aus der zehnten Centurie das Thema der Entdeckungen und seltsamen Ereignisse eröffnen:

Die Nostradamus-Centurien

10/10

Das neue Schiff wird die Reisen wieder aufnehmen,
durch meinen Schmeichler ins Leben gebracht,
gemacht, wie es einst in Persien die Magier taten.
Die Rechnung erwirkt Verstand und Wert,
eins über das andere wird es erlangen,
munter älter werdend, gestärkt, unbefleckt.

Das alte Werk entdeckt und durch Nostradamus neu 'auf die Reise geschickt'...? Diese Voraussage riecht nach Erfolg und Wohlstand und könnte in kurzen Zügen den Werdegang der Centurien umreißen, welche unbeschadet bis in unsere Gegenwart alle Jahrhunderte durchwanderten und dabei nichts von ihrem anfänglichen Ruhm einbüßten.

Eine Voraussage völlig anderer Natur findet man in der fünften Centurie. Hier geht es um die Entdeckung bestimmter Materialien im Mondgestein – ein faszinierender Sechszeiler!

Mondforschung:
Ein unbekanntes Mineral wird gefunden!

5/3
Unter dem Boden der runden Mondkugel,
in der Tiefe nach dem rätselhaften Schatz forschend,
wird Tau ins Mineral gemischt.
Innerhalb der schrecklichen, entsetzlichen Kugeln
aus ausgehöhltem Marmor und metallischem Blei,
wird übrigbleiben lebendiges Feuer und schleichender Tod!

Ganz offensichtlich sucht man im Mondgestein nach Mineralvorkommen, die es auf unserer Erde nicht gibt. Da der Mond nicht über ein Schutzschild wie die Erde verfügt und Meteore und Mineralbrocken aus dem All praktisch ungehindert auf ihm einschlagen, ist es vorstellbar, dass man dort bereits längst interessante Mineralien entdeckt hat und mit ihnen herumexperimentiert.

Die Voraussage macht deutlich, dass zumindest eines dieser Experimente äußerst ernste Folgen haben könnte oder – bereits schon hatte!

Wissenschaft...?

3/7
Wenn das vom Menschen gezähmte Tier –
welches außen an der Angel hängen bleiben wird –
nach langen Mühen und Mängeln zu sprechen beginnt,
wird in anderen Gesetzen und Gebräuchen rangiert.
Nicht zu seinem Guten, nicht für die Schlechten,
verführt es durch seine Sprache große Menschenmassen!

Delphine, die "Hi, wie geht es Dir?" sagen können? Immerhin ein faszinierender Gedanke, sich vorzustellen, dass eine Art von fischähnlichem Wesen in einer US-Talkshow Rede und Antwort steht oder imstande ist, ganze Menschenmassen zu beeindrucken oder gar zu verführen. Hier kommt zum Tragen, was ich zu Beginn dieses Kapitels sagte: Dinge, die man nicht kennt, lassen sich auch nicht erklären.

Doch Hypothesen sind erlaubt:

Werden wir eines Tages in der Lage sein, z.B. die Sprachsignale von Walen zu verstehen und diese über immense Entfernungen selbst aussenden können? Entdecken wir dadurch neue Frequenzen oder Schallträger, die sich technisch nutzen lassen?

Staudamm mit Überraschungen?

4/22

Nahe des großen Flusses werden große Erdgräben verlegt.
Der neue Weise, der als einziger zu sehen versteht,
entdeckt die Öffnung. Unter Schlamm aufgeschnitten
werden in fünfzehn Kanäle Wasser verteilt,
Venen geöffnet, Kräfte exterminiert (vernichtet).
Nur der Schwanz zu sehen: die Pforte wird verschlossen.

Beim Bau eines riesigen Staudamms oder Wasserkraftwerks – so verkündest diese Prophezeiung – stößt man überraschend auf ein unbekanntes Phänomen (sicher kein 'Schwanzmonster') mit dessen Kräften nur ein Mann umgehen zu können scheint. Diese Kräfte scheinen recht unbändig zu sein (vulkanischen Ursprungs?) und werden schließlich durch mächtige Ventile o.ä. unter Kontrolle gebracht.

Bis dahin klingt das noch irgendwie plausibel. Aber warum wird in 15 Gräben Wasser verteilt? Und welches Ende (damit ist wohl der 'Schwanz' gemeint) kann man noch sehen, nachdem der Zugang wieder verschlossen wurde?

Weltausstellung der Zukunft

10/19
Garten der Welt, in der Nähe der neuen Stadt.
Mit Steinen aus Marmor werden die Mauern wieder aufgebaut.
Aus vier Teilen kommt man, es zu bestaunen.
Die medizinische Hilfe wird wieder hervorkommen:
Etwas, was niemals so schön war,
wird das Leben des Glücks illegitim machen!

Geheimnisvolle Ringe – erzeugen sie Todesstrahlen?

10/20
Es wird dann Hagel fallen, größer als ein Ei,
bewässerte Gegenden schrumpfen.
Das Natürliche, von solcher Höhe nicht erniedrigt,
wird, ihm die Ringe präsentierend, getötet werden –
die Gegenwart mit der Vergangenheit:
das süße Manna wird sie nicht mehr lieben!

Beide Sechszeiler klingen recht geheimnisvoll. Ein Monument oder ein Ausstellungsgelände (?) nahe einer neuen Stadt wird wieder aufgebaut, schöner und prachtvoller als je zuvor. Man kommt aus allen Himmelsrichtungen herbei, um das Wunderwerk zu bestaunen, doch unerwartet wird medizinische Hilfe notwendig.

"Es wird *dann* Hagel fallen" könnte bedeuten, dass beide Voraussagen zusammengehören. Mächtige Hagelfälle einerseits, und Trockenheit in anderen, sonst gut bewässerten Regionen (das passt zum 'Garten der Welt') könnten hier vielleicht als Folge eines Gravitationsexperiments (Ringe, durch die Gegenwart und Vergangenheit zusammenfließen) oder ähnlichem die einschneidenden klimatischen Veränderungen hervorrufen.

Nach diesen Vorfällen erwartet uns eine bittere Zeit: Hunger, Entbehrungen – das süße Manna, das Schlaraffenland, wenden sich von uns ab...

Forschungen in Ägypten enden mit einer Katastrophe

4/9

Da, wo noch die Pyramide steht:
Blitze aus Eisen geschleudert, die alleinigen Könige behütend,
werden sie vertrieben durch Kalk, Staub und Asche,
durch Phthiriasis am Ende.
Verfolgt vom Tod entkommen nur wenige.
Durch den Westen wird die Angelegenheit bereinigt.

In diesem Sechszeiler wird wohl eine noch nicht eingetroffene Öffnung einer Pyramide oder eines Königsgrabes in Gize oder Luxor mit bösen Folgen beschrieben. *Phthiriasis* ist eine beulenartige Läusesucht, welche die Arbeiter nach einem Durchbruch oder Zusammenbruch massiv befällt.

Erst durch medizinische Hilfe der westlichen Welt kann man der Seuche schließlich Herr werden.

1845/46
Die Entdeckung des Planeten Neptun

4/15

Erhabene Verklärung, ohne Geheimnis für das Auge sichtbar,
wird unter dem Schein eine verborgene Form sein:
Venus, verborgen unter dem Schein Neptuns.
Der Starke arbeitet es aus, und ein Alter denkt nach,
den Zugang zu den nicht vorgezeichneten Orten zu zeigen.
Zuerst stirbt, wer den Beweis erbringen wird.

Eine mehr als geheimnisvolle Prophezeiung, da Nostradamus weder den Planeten Neptun, noch dessen Namen kennen konnte, den sich erst 220 Jahre nach dem Tod des Sehers ein Astronom ausdachte! Auch die anderen Details dieser Voraussage legen die Vermutung nahe, dass geschichtliches Wissen statt prophetischer Gabe die Wurzel der Vorhersagen in den Centurien bilden.

Wie sonst hätte Nostradamus einen Planeten benennen können, den zu seiner Zeit noch kein Mensch kannte? Die Entdeckung im Jahr 1845 ereignete sich so, wie in der Vorhersage beschrieben. Neptun, war absolut nicht sichtbar, sondern er konnte zunächst nur durch Unregelmäßigkeiten in der Umlaufbahn des Uranus vermutet werden, die der französische Astronom Leverrier ('der Alte denkt nach, den nicht verzeichneten Zugang zu zeigen') feststellte. Dieser bat nun den deutschen Astronomen Galle ('der Starke arbeitet es aus') an der bezeichneten Stelle den Himmel zu durchforschen. Galle konnte schließlich die Existenz des bis dahin völlig unbekannten Planeten, dem man den Namen *Neptun* gab, nachweisen.

Interessant ist die letzte Zeile: "*Zuerst stirbt, wer den Beweis erbringen wird.*" Leverrier, nur ein Jahr älter als Galle, hatte als erster die Existenz des Planeten nachgewiesen und starb bereits im Jahr 1877. Galle, der erst durch Leverrier auf Neptun aufmerksam gemacht worden war, starb fast hundertjährig 33 Jahre nach dem eigentlichen Entdecker.

Zukunft: Zwei Umweltkatastrophen

4/10

Vernehmbar aus heiliger Erde, vom Geist, die heilige Stimme
frisst alles; die große Seuche kommt durch sie,
Brunnen und Quellen zu vergiften.
Menschliche Flamme als göttliches Leuchten angesehen,
fünfzehn Jahre vor ihrem Bruder wird sie geboren,
aber für eine lange Zeit wird es nicht verstanden.

Zwei bittere Ereignisse für die Menschheit, mit einer Zeitdifferenz von 15 Jahren. Wie soll man diese Ereignisse heute schon deuten können, wenn man sie nicht einmal versteht, wenn sie sich ereignen?

Doch eines scheint klar zu sein: Was auch immer (aus dem Erdinneren?) auf uns zukommen wird – es bedroht unsere Trinkwasserreserven (Brunnen und Quellen). Vielleicht wird das, was wir heute so unbekümmert in Salzbergwerken 'entsorgen' oder in Flüsse, Seen und in die Meere 'ableiten' doch einmal zu einem gefährlichen Bumerang...

Medizinische Entdeckung?

4/1

Körper, schamlos begreifend, Sinne, Anstoß unsichtbar:
Die weiße Pestbeule wird durch die schwarze vertrieben,
dann wird man die große Flamme nicht zu löschen wissen!
Der Geist eines einzigen wird es bezeugen,
fasst den Entschluss, die Schriften zu verteidigen,
wird durch seine Schüler unsterblich verehrt.

Beschreibt diese Voraussage die Entdeckung eines Impfstoffes (Antikörper), wodurch dann eine neue, vielleicht schrecklichere Epidemie oder Krankheit ausgelöst wird? Es gibt zahlreiche Beispiele von medizinischen Irrtümern in der Geschichte und sicherlich ebenso viele berühmt gewordene Namen von Ärzten und Wissenschaftlern, die diese Irrtümer aufdeckten und dadurch Hunderttausenden das Leben retteten.

Die Voraussage könnte allerdings auch symbolisch gemeint sein und andeuten, dass ein kleineres Übel von einem weitaus größeren vertrieben wurde oder wird, was eine Person durchschaut, niederschreibt und ruhmreich werden lässt. Auch daran mangelte es nicht in der Geschichte, was diese detailarme Prophezeiung – so oder so interpretiert – recht unergiebig macht.

Aids...?

5/19

Wegen des Vergnügens, durch das Gesetz der Sinnlichkeit,
zum Verderben und seiner große Erhabenheit,
wird man Gift in das Gesetz mischen.
Entsetzlich und plötzlich verändert es sich!
Die Liebe wird so zur Tugendhaftigkeit aufsteigen,
Von den Obersten werden die Ursachen der Affäre vertuscht.

Hier könnte vom Aids-Virus die Rede sein, der aber – nach dieser Voraussage – keine natürlichen Ursachen zu haben scheint. Aids, vielleicht einmal als biologischer Kampfstoff erdacht und nun zur Geißel einiger Generationen entartet?

Die Angst vor dem sich immer rascher ausbreitenden Virus lässt die Liebe allgemein zur Tugendhaftigkeit erblühen. Der einst so gerne getätigte Seitensprung wird zur riskanten Gefahr des eigenen Lebens.

Dass dieser Vorfall (sollte er überhaupt stattgefunden haben) von höchster Stelle vertuscht wird, bedeutet nichts anderes, als dass Milliardensummen an Entschädigungen gezahlt werden müssten, wenn bekannt werden würde, wo und in welcher nationalen Hexenküche die Urheber und Schöpfer eines solchen Killervirus zu finden wären.

Horrorvision Zukunft

8/20

Die Seekuh werden sie in neuen See tauchen,
Blut, menschliche Körper, Wasser rotgefärbt, Erde voll Hagel.
In der Hierarchie gab es nie etwas vergleichbar
Gewaltiges! Terax wird von Noralis verloren,
wird durch diese große ausgedehnte Seuche emporkommen.
Das rote Leben wird darin nicht einwilligen wollen.

Die Seekuh – ein Atom-U-Boot, eine technische Erfindung? Diese Voraussage, auch die Namen 'Terax' und 'Noralis', kann man nicht deuten. Vielleicht muss man die Namen auch völlig anders lesen – Nostradamus liebte es, mit Worten zu spielen...

Apollo XI – Die erste Mondlandung

9/10

Spät angekommen, früher als er glauben wird,
während der Himmel so übermäßig donnern wird,
Sonne im Löwen, wird der Blitz niedergehen.
In den Winkel des Mondes wird er gehen,
durch Schiebewagen, geführt das Bollwerk,
schneidender Harnisch in den Fackeln versteckt.

Am 20. Juli 1969 landeten die ersten Menschen (amerikanische Astronauten) auf dem Mond. Es war ein Wettlauf mit der Zeit, denn seit den ersten Erdsatelliten der UDSSR, *Sputnik I* (Oktober 1957) und *Sputnik II* mit der Hündin *Lajka* an Bord (November 1957), hatten die Sowjets die Nase in der Raumfahrt weit vorn.

Die Anstrengungen der USA, diesen Prestigeverlust aufzuholen, waren enorm und wurden – spät, aber dann doch überraschend für die Menschen dieser Welt – durch die erste bemannte Mondlandung dreifach belohnt.

Der Sechszeiler beschreibt die mächtige, rollende Startrampe der Rakete, sowie die Trägerrakete selbst, die wie ein 'schneidender Harnisch' von den feurigen und immens donnernden Triebwerken umgeben ist.

Die 'Sonne im Löwen' legt astrologisch die Jahreszeit (Juli) dieses ersten bemannten Mondfluges fest. Das Ereignis wurde von einer Fernsehkamera zur Erde übertragen, wo 500 Millionen Menschen fasziniert den ersten Mondspaziergang der Astronauten Edwin Aldrin und Neil Armstrong mitverfolgten.

BSE – Tierfutter-Skandal?

10/12

Dem undankbaren Volk Ermahnungen gegeben:
Unter dem Futter wiederkäuender Tiere,
durch Fettes und Mageres, fast halb dürr,
eingeschlossen zubereitet, und großes Verursachen
durch sie, durch Zuführen oder Grasähnlichem.
Tötet Widerstand – sein Blut, schändlicher Tod!

Trockenfutterfabriken der Gegenwart? Die Zeilen lassen sich nur sehr schwer übersetzen, weil sie zahlreiche Deutungen zulassen. Aber der 'Grasersatz', zubereitet durch 'Fettes und Mageres, fast halb dürr' erinnert an die BSE-Skandale der letzten Jahre. Tierfutter aus Tierkadavern – eine appetitliche Idee, die letztlich auch aus menschlichen Hirnen Talgklumpen macht.

Atommüll-Skandal ?

10/23

Großer Feind des ganzen Menschengeschlechts,
in Verwendung, und all seine Zeit verlierend,
wird gepackt und in den Bottich getaucht.
Feuerschlag ohne Nachteil, Honigsaftfass.
Aus demselben wiedergebracht an geheimen Ort,
Tor zerstört, Schiff in die Tiefe, bewölkter Tag.

Der erste Teil dieser Voraussage könnte eine Umschreibung radioaktiver Abfälle (ohne Verfallsdatum) sein, die in Bottichen verschlossen werden, welche wie Honigfässer aussehen. Diese Tonnen kennen wir inzwischen. Doch hier wird die scheinbar hochbrisante Fracht an einen sehr geheimen Ort gebracht – dann endet in der letzten Zeile meine Fantasie.

Schiffsuntergang? Terroristischer Anschlag...?

Die letzte große Katastrophe der Menschheit?

3/24

Von der Stadt mit der größten Fläche,
Geschenk überreicht, für jene vom Ozean.
Nahe des großes Flusses – wegen der Fehleinschätzung
durch deutliche Zeichen und durch Fixsterne –
schwimmt alles im Blut wegen des Unglücks.
Die Welt nähert sich ihrer letzten Phase!

Das 'Geschenk' klingt in dieser Prophezeiung eher sarkastisch, wenn nicht boshaft. Meint Nostradamus mit der 'Fehleinschätzung' einen schon seit Jahrzehnten befürchteten Atomkrieg – ausgelöst durch menschliches Versagen oder einen Computerfehler? Die höchste Alarmstufe wurde schon oft durch Systemfehler ausgerufen, die Störungen konnten jedoch stets rasch behoben werden.

Das 'Geschenk' wären in diesem Fall Atomsprengköpfe, die mittels Langstreckenraketen über den Ozean hinweg ihre vorgegebenen Ziele ansteuern würden. Nur eine ähnliche Katastrophe größten Ausmaßes rechtfertig die letzte Zeile, dass sich die Welt ihrer letzten Phase nähert...

Terroranschläge und Attentate

Politik ist ein schmutziges Spiel. Sie verlangt zu lügen, zu blenden, sich aufzuplustern, Verantwortung auf andere abzuwälzen, skrupellos zu sein und sich ständig seiner Haut zu wehren. Bereits diese kleine Liste an Scheußlichkeiten zeigt, dass Politiker aus einem besonderen Holz geschnitzt sein müssen und viele von ihnen mit Charaktereigenschaften bestückt sind, die in unseren Köpfen eigentlich eine schrille Alarmglocke auslösen sollten.

Die seltensten Exemplare von Politikern starten ihre Karriere (gehen in die Politik), weil sie dem Rest der Menschheit Gutes tun möchten. Dieses Idealbild des Regierens hatten die meisten nur kurz während ihrer Studentenzeit. Dann verloren sie es irgendwo und vergaßen schlicht und ergreifend, dieses Karrierehindernis wieder zu suchen.

Der frühe Weg der sich nach oben drängelnden Jungpolitiker ist hart, frustrierend und dornenreich. Während sich ihre früheren Mitschüler die Abende mit knackigen Discogirls versüßen, tanzen sie auf langweiligen Bällen mit den längst verblühten Gattinnen von Parteivorsitzenden, buhlen und buckeln als Kassierer im Kirchenchor, Beisitzer in Sportvereinen und stehen kurz vor einem Orgasmus, wenn sie zum ersten Mal von ihrem Erzbischof zum Nachmittagstee eingeladen werden. Harte Zeiten...

Tja, und irgendwann schafft der ein oder andere dann doch den Sprung nach ganz oben – geformt von alten Ladies, zurechtgebogen von Parteivorständen, und blind geworden für all die Mauscheleien, stillen Absprachen und Intrigenspiele seines beruflichen Umfeldes, die einfach zum Job dazugehören. Er ist nun wer, und mit der nötigen Lobby im Rücken wird er vielleicht sogar zum Staatsoberhaupt gewählt.

Und da steht er nun, hoch oben an der Spitze, und regiert uns oder ein afrikanisches Volk, die Vereinigten Staaten, ein islamisches Land, einen Inselstaat oder eine Bananenrepublik. Umgeben von anderen die ihn mögen oder nicht mögen, die seine Politik unterstützen oder unentwegt gegen ihn arbeiten, die ihn in den Himmel heben oder ihn umbringen wollen, weil er sie stört. Das ist von Land zu Land, von Mentalität zu Mentalität, unterschiedlich, aber immer ein Job, bei dem man ständig auf der Hut sein muss.

Fehler werden geahndet, und oft reicht schon eine falsche Formulierung in der Öffentlichkeit, um eine Wiederwahl zu gefährden. Widersacher gibt es zu Hauf, denn auch andere haben sich jahrelang mit den alten Ladies und in Heimatvereinen gequält und sehen sich durch seinen Sieg, durch seine Entscheidungen, um die Früchte ihres frustreichen Lebens betrogen.

Auch wenn die vorangegangene Betrachtung logischerweise nicht allgemein auf jeden Politiker anzuwenden ist, kann man dennoch mit Bestimmtheit sagen: Es ist kein leichter Job, ein Rädchen im Getriebe des Weltgeschehens zu sein, was auch die nachfolgenden Voraussagen belegen...

1964: USA – Das Kennedy-Attentat in Dallas

6/11

Ein Umstrittener wird nicht lange an der Regierung sein.
Nahe bei Rion (?) und bei der weißen Baumwolle,
mit fliegendem Feuer, der listige Anschlag!
Einer im Kapitol will ihn keinesfalls an der Regierung.
Gedeutet im Gegenteil zu seinem Sinn,
wird man Unschuldige einer Mordtat beschuldigen.

Eines der umstrittensten und spektakulärsten Attentate in der Geschichte der politischen Morde, ereignete sich am 22. November 1964 im US-Bundesstaat Texas, wo der damalige Präsident John F. Kennedy während einer Wahlveranstaltung in Dallas erschossen wurde. Die Hintergründe zu dieser Affäre sollen erst im Jahr 2037 veröffentlicht werden.

In der Voraussage wird Kennedy als eine 'umstrittene' Persönlichkeit dargestellt, welche 'einer im Kapitol' (dieses Wort an sich ist in einer 500 Jahre alten Prophezeiung schon erstaunlich!) keinesfalls an der Regierung wünscht.

Die erste Zeile bestätigt sich durch die nur dreijährige Amtszeit des beim Volk sehr beliebten US-Präsidenten. Dann fielen die tödlichen Schüsse in Texas (bekannt für seine Baumwollindustrie) 'nahe bei *Rion* und der weißen Baumwolle'. Das Wort 'Rion' ist unbekannt – vielleicht ein Wortspiel des Sehers für *Iron* = Eisen, oder eine Ortsbezeichnung? Vielleicht gibt es oder gab es in der Mainstreet von Dallas, dem Ort des Geschehens, ein Ladenlokal mit einem ähnlichen Namen?

Die beiden letzten Zeilen deuten schon jetzt an, was wir im Jahr 2037 erfahren könnten: Falschmeldungen, die Verdrehung von Tatsachen, der Sündenbock Lee H. Oswald, der aus einem Lagerhaus die Todesschüsse abgefeuert haben soll – dies alles diente dazu, von den wahren Hintergründen abzulenken.

Vier Jahre später wieder ein Attentat!
Robert Kennedy wird erschossen.

6/34

Jener, der weit vorne in der Regierung war,
bevor er seine Seele ganz zurückgegeben musste,
wird getäuscht, betrogen durch den Interpreten.
Ihn und sein Geschlecht hoch in die Regierung gesetzt,
ihn wird der finstere Zornige es bereuen lassen.
Zu spät – alle beide. Die Blumen werden verloren sein!

Nur einige Jahre später ereilt den jüngeren Bruder Kennedys, Robert Kennedy, das gleiche Schicksal. Der ehemalige Justizminister ist 1968 aussichtsreichster Präsidentschaftskandidat der Demokraten und wird ebenfalls bei einer Wahlveranstaltung (in

Los Angeles) erschossen. Attentäter ist der Jordanier *Sirhan Bishara Sirhan*.

Die Voraussage spricht hier von einer großen Täuschung, einem Betrug des 'Interpreten' (= Erklärer, Fürsprecher, jemand, der etwas darlegt). Der 'finstere Zornige' scheint den Kennedy-Clan ausmerzen zu wollen (FBI-Chef *Edgar Hoover* soll die Kennedys angeblich fanatisch gehasst haben) und lässt die 'beiden Blumen' bereuen, sich um so hohe Regierungsämter bemüht zu haben.

Zwei deutliche Voraussagen, die in allen Punkten eintrafen...

Israel 1995: **Yitzhak Rabin wird ermordet**

2/1

Die alten Ebenen der Berberpferde stehen
unter strengen Regeln.
Von ihrem Senat, das Heiligste erlahmt,
wegen der Gunst, welche die Stadt gewährt.
Durch den Kleineren an der Mauer
verliert der Große sein Leben.
Tod während des Sprechens, große Hinrichtung,
ihre große Stadt voller Heulen, Klagen und Schreie.

Am Abend des 4. November 1995, wurde Israels Ministerpräsident Yitzhak Rabin vor 100 000 Anhängern seiner Politik durch drei Pistolenschüsse ermordet. 700 Sicherheitsbeamte hatten nicht verhindern können, dass der 27jährige Attentäter Jigal Amir bis auf zwei Meter an Rabin herankommen konnte.

Das Volk erstarrte im Schock. "Israel ist seither nicht mehr dasselbe Volk", bekannten etliche Politiker, denn ein politischer Mord war in der Staatsgeschichte des jüdischen Volkes bisher unbekannt. Rabins nachgiebige Haltung bei den Friedensverhandlungen mit den Palästinensern spaltete damals das jüdische

Volk, von dem sich am Ende bis zu 74% gegen seine Politik aussprachen.

Ganz Israel trauerte um den 73jährigen, auch jene, die nicht mit seiner Friedenspolitik einverstanden waren. Eine Million Israelis, Juden und Christen, Moslems und Drusen, zogen an dem vor der Knesseth aufgebahrten Sarg vorbei. Mehr als 2 500 Staatsgäste aus 86 Ländern nahmen an seiner Beerdigung teil.

55 Jahre lang hatte Rabin für Israels Sicherheit gekämpft – am Ende starb er für den Frieden seines Landes.

Terroranschlag der Zukunft oder vertuschte WTC-Hintergründe?

3/30

Dienerschaft wird stark und trachtet nach Streit.
Die Könige und Fürsten errichten Trugbilder,
Man wird es vollkommen anders interpretieren:
Durch den Leiter des Lichts und der Windhunde,
fällt der Baum im Zentrum der Stadt,
im mühsamen Monat und nah der Traubenlese.

Bei dieser Voraussage, die an den Anschlag auf das *World Trade Center* in New York im September 2001 erinnert, geht es nicht um ein Staatsoberhaupt, sondern um einen blutigen Staatsstreich oder Anschlag gegen Herbstende (im mühsamen Monat der Traubenlese). Auch hier wird das Volk von den Regierenden belogen bis durch den "Leiter des Lichts und der Windhunde" (Afghanen?) der Baum (das hohe Bauwerk?) im Zentrum der Stadt gefällt wird.

Zahlreiche Parallelen zu *Bin Ladens* Aktivitäten drängen sich hier auf. Vielleicht deutet dieser Sechszeiler auch an, dass es sich völlig anders mit dem WTC-Anschlag verhält, als man dem Volk glauben machen will? *Osama bin Laden* selbst hat sich niemals zu dem Anschlag bekannt und ihn sogar deutlich von sich gewiesen...

Terroranschlag der Zukunft:
Olympiade oder Fußball WM- Frankreich?

4/29

Die neuen Spiele, in Frankreich wieder in Gang gebracht,
Arglist, Verschwörung und hinterhältiger Anschlag:
Der, welcher bedeckt von der großen Haube,
alles wird zerstört – einer wird es bezeugen.
Dann, wenn man sich abends durch Gebärden ausdrückt,
zittern vor Angst die Italiener und Spanier.

Sportsfreunde, das klingt nicht gut! Der, 'welcher bedeckt mit der großen Haube' – ein teilüberdachtes Stadion, ein weißer Turban? Die anderen Zeilen dieser Voraussage sind so deutlich wie die TV-Bilder der Abendnachrichten: Ein hinterhältiger Anschlag, der – während einer neuen Spielveranstaltung – alles im Umkreis zerstört.

Die letzten beiden Zeilen: Das Flutlicht erlöscht, während sich Italien und Spanien auf dem Rasen gegenüberstehen? Der Hinweis in der ersten Zeile könnte sich auf die Olympischen Spiele beziehen, die gegen Ende des vorletzten Jahrhundert wieder neu eingeführt wurden...

Tod im Theater:
Abraham Lincoln

6/9

Wenn man kommen wird, den großen König zu opfern,
von Weiß und Schwarz die Zwei vermischt,
Gnade dem Volk gegeben, das sehnsüchtig nach Christus verlangt:
Die Stadt der Gewalt – Gesicht vom Schießpulver verbrannt,
nahe des Logeneingangs und der Wand,
von einem, dem man Silber- und Goldmünzen prägt.

Am Abend des 14. April 1865 werden auf den 16. Präsidenten der Vereinigten Staaten, Abraham Lincoln, in der Loge eines Theaters tödliche Schüsse abgefeuert. Der Todesschütze, John W. Booth, stand tatsächlich nahe der Tür an der rechten Seitenwand der Loge und streckte von dort aus Lincoln mit einem Kopfschuss nieder.

Abraham Lincoln, sein Portrait sollte später die US-Währung zieren, war jener Präsident, der in den Staaten die Sklaverei abschaffte, also Weiß und Schwarz zu einem ganzen Volk 'mischte'. Einen Tag nach dem Attentat erlag der Präsident seinen schweren Verletzungen.

Bezeugt ist übrigens die Tatsache, dass er am Tage vorher den Anschlag auf sein Leben im Traum vorhersah und ihm Nahestehende daraufhin händeringend von dem geplanten Theaterbesuch abrieten...

Terroranschlag der Zukunft ?

8/39

Nahe von Linterne (?) in geschlossenen Tonnen,
grünes Laubversteck des flatternden Schmetterlings.
In der Lektüre werden die Stiche der Wurfpfeile sein!
Brennendes Gift und Briefe am Kragen,
werden jene des hohen Ortes schreckliches Geschrei veranstalten.
Perfekte Kinder werden durch und durch ausgesaugt.

Wer oder was *Linterne* ist, entzieht sich meiner Kenntnis. (In der Schweiz gibt es einen Ort namens Linth.) Die Voraussage kündigt eine Art von Giftanschlag an, doch die Prophezeiung klingt recht verwirrend, dass eine Interpretation vor dem Eintreffen des hier geschilderten Ereignisses praktisch unmöglich ist. Vielleicht wird hier auch ein aufgedeckter Umweltskandal beschrieben, der dann bittere Konsequenzen haben wird...?

Die letzte Zeile klingt besonders übel, aber ebenso unklar...

11. September 2001:
Anschlag auf das World Trade Center in New York

10/14
Die große Hafenstadt
wird heimgesucht werden, von schrecklichem Wind,
in unerhörter Geschwindigkeit und gehorsam herbeigeführt.
Das große, gefüllte Theater wird zerstört,
die hohe Dachmitte über dem Kopf.
Luft, Himmel und Erde verdunkeln und trüben sich.

Schreckensauftakt ins neue Jahrtausend! Am 11. September 2001 rasten von islamischen Terroristen gekaperte und gesteuerte Verkehrsflugzeuge in die gigantischen Wolkenkratzer des WTC-Gebäudes in New York – dem wirtschaftlichen Pulsschlag der Vereinigten Staaten. Die Insassen der Flugzeuge und die Menschen, die zu diesem Zeitpunkt in den oberen Etagen arbeiteten, in welche die beiden Maschinen hineinrasten, starben sofort. Eine Stunde später brach dann einer der Bürotürme in sich zusammen und Tausende fanden an diesem Horrortag den Tod.

Der 'schreckliche Wind' von dem in der Prophezeiung gesprochen wird, 'in unerhörter Geschwindigkeit und gehorsam (auf Befehl) herbeigeführt' symbolisiert die Jets, welche die Terroristen in die 'hohe Dachmitte', die sich über ihnen befand, hineinrasen ließen. Die Voraussage ist in den anderen Zeilen so klar, dass sie keiner weiteren Erläuterung bedarf...

Der wohl in die Geschichte eingehende Terrorakt blieb nicht ohne Konsequenzen. *Osama bin Laden*, der als Urheber des Anschlags gilt und als schwerreicher Millionär die Taliban-Regierung in Afghanistan unterstützte, wurde trotz eines US-Ultimatums nicht ausgeliefert, was den Einmarsch amerikanischer und alliierter Truppen in Afghanistan zur Folge hatte...

Eine ähnliche Voraussage aus der 10. Centurie lässt die Hoffnung schwinden, das durch das massive Vorgehen gegen den internationalen Terrorismus und diese Art der Abschreckung tatsächlich eine positive Wendung eintreten wird. In der folgenden Prophezeiung ist Europa betroffen:

Europa:
Kein Ende des Terrors ?

10/4

Innerhalb von Europa, auftauchend in Asien,
kommt ein großer Schreckensherrscher vom Himmel,
der schlimmer zu Ahnen, Onkeln, nicht zu Vätern, sein könnte!
Vorrübergehende weit außerhalb, Denker entwerfen Anschlag.
Gegen die Sekte Söhne Adaluncatif
mehr Wachsamkeit und Aufpasser den Bluthunden!

Hier wird zu mehr Wachsamkeit und Warneinrichtungen gegenüber den 'Bluthunden' aufgefordert, denn nun taucht unvermittelt in Europa ein aus Asien kommender Schreckensherrscher am Himmel auf! Ein grausamer Anschlag, wie es ihn bisher noch nie gab? Die dritte Zeile lässt darauf schließen...

Rätselhaft ist die Bezeichnung der Sekte 'Söhne Adaluncativ'. Das Wort könnte verschiedene Wurzeln haben, wie "Ehebrecher, Verfälscher, Kriecher" aber auch am lateinischen *adultus* = "mächtig geworden", "herangewachsen" orientiert sein, was mir am Logischsten erscheint. In dem Fall müssten wir die 'Söhne der Mächtiggewordenen' im Auge behalten.

Wer das wohl sein könnte? Wachsamkeit ist angesagt...

Voraussagen für Deutschland

Es gibt neben den bereits vorgestellten Sechszeilern noch eine ganze Reihe interessanter Voraussagen über das Deutschland nach dem Zweiten Weltkrieg. Die Teilung und Wiedervereinigung Deutschlands, der Bau der Mauer, Regierungsoberhäupter, Parteien, neue Sekten und Prophezeiungen, welche bis heute noch nicht eingetroffen sind, bilden ein breites und gemischtes Spektrum dieser Vorhersagen.

Eine davon scheint die Farben von Regierungskoalitionen zu umschreiben, anders lässt sich dieser Sechszeiler nicht erklären:

Koalitionsregierungen in Deutschland

6/20

Wenn man die Normannen auf die Probe stellen möchte,
wird ihnen Rotes und Gelbes als das ihrige erscheinen.
Anstelle des Großen, welcher verdammt wird,
getäuscht und verraten durch das große Wittenberg:
Der sehr kluge Vorsteher der Regierung,
wird nichts geben, von dem er meint, es nicht machen zu können.

In den ersten beiden Zeilen dieser Vorhersage könnte es sich um die rot-gelbe Koalition von SPD und FDP im Jahr 1969 handeln, womit erstmalig in der Geschichte der Bundesrepublik das 'schwarze' CDU-CSU-Bündnis abgelöst wurde. Regierungschef wurde damals Willy Brandt, der dann vier Jahre später zwar wiedergewählt wurde, aber 1974 über die *Affäre Guillaume* (DDR-Spion als Kanzlerberater) stolperte und von seinem Amt zurücktrat. (*"getäuscht durch das große Wittenberg"* = die ehemalige DDR).

Nachfolger wurde der 'sehr kluge Vorsteher der Regierung', Helmut Schmidt, ebenfalls SPD, ein Politiker, der sich so gut wie nie 'in die Suppe spucken ließ' und sich durch seine Entschlusskraft und seinen hohen Intellekt auszeichnete.

Der Anschlussvers scheint die nächste politische Etappe nach der SPD-Regierung wiederzuspiegeln. Mit dem 'Großen von Mainz' (franz.: 'Magonce') kann eigentlich nur Helmut Kohl gemeint sein:

Ära Kohl ab 1983 bis 1998

6/21

Ein König wird auf Bündnisbrecher wütend sein,
Ein anderer schwingt sich bald zum großen Reich empor.
Jener, der soviel Ehre und Schmeichelei haben wird,
welche für den Hahn in den Alpen vereinigt sein wird:
Großer von Magonce (Mainz), um großen Durst zu löschen,
wird seine Zeit mehr denn je triumphieren.

1983 schwenkte dann der Koalitionspartner FDP wieder ins Lager der CDU über, womit eine schwarz-gelbe Koalition die Regierung für 16 Jahre übernahm. Die SPD fühlte sich durch das 'Abspringen' des früheren Koalitionspartners verraten und verkauft, aber Bündnistreue hält oft nur, wenn damit auch die entsprechenden Regierungsämter verbunden sind. Unter der Ära Kohl kam es schließlich auch zur Wiedervereinigung des geteilten Deutschlands, was dem Alt-Kanzler Popularität und viel Ruhm einbrachte.

Ein Denkmal für den ersten Nachkriegs-Bundeskanzler setzt der Sechszeiler 6/19 dem 'Vater es neuen Deutschlands', Konrad Adenauer. Adenauer wurde in der NS-Zeit als Oberbürgermeister der Stadt Köln seines Amtes enthoben und nach dem Hitler-Attentat 1944 sogar für kurze Zeit inhaftiert. Nach dem Kriegsende wurde er von den US-Behörden wieder als Bürgermeister von Köln eingesetzt, war Gründungsmitglied der CDU und wurde nach den ersten Nachkriegswahlen im neuen Deutschland der erste Bundeskanzler. Der nachfolgende Sechszeiler liest sich, wie ein Lebenslauf Konrad Adenauers:

(1876 – 1967)
Konrad Adenauer

6/19
Der große keltische Prälat, dem König verdächtig,
wird nicht mehr die Stadt der Agrippina (Köln) innehaben.
Darüber hinaus später geliebt, gefürchtet, geachtet:
Man wird ihn bald verschwägert sehen,
von den verbündeten Kräften mit Franzosen vermengt,
und bald werden in der Regierung parteiische Dinge durchgeführt.

Die Freundschaft Konrad Adenauers mit dem französischen Staatpräsidenten Charles de Gaulle leitete die *deutsch-französische Freundschaft* ein und die Normalisierung zwischen den ehemals verfeindeten Nachbarländern. Zahlreiche der späteren Verträge wären ohne dieses neue Fundament der Freundschaft wohl niemals zustande gekommen.

Der letzte Satz der Prophezeiung verweist auf die Änderung des politischen Zustandes in Deutschland, wo nun politische Entscheidungen in einem Parteiensystem und auf der Basis von demokratischen Regierungen gefällt werden.

Im Sechszeiler 1/18 wurde bereits die Nachkriegszeit des geteilten Deutschlands unter den vier Besatzungsmächten beschrieben. Die nachfolgende Prophezeiung schildert nun den Bau und den Fall (1961–89) der Berliner Mauer und die Knechtschaft unter den DDR-Regimen. Mit dem 'Großen, der wenig taugt' dürfte wohl der letzte Regierungschef der Deutschen Demokratischen Republik, Erich Honegger, gemeint sein:

Die Berliner Mauer

2/28

Die Souveränen werden unendlich unterdrückt,
das gerechte Blut, durch Gefangenheit verdammt,
ohne Schuld,
wenn Rhein-Kinder Deutsche beobachten,
welche die große Mauer gegen sie errichten.
Während des Konflikts, dem Großen, der wenig taugt,
werden sie die klobigen Fundamente einreißen.

Treffender kann man den Fall der Berliner Mauer (1989) wohl kaum beschreiben. Fast 30 Jahre lang trennte sie das Volk der Deutschen. Unter dem Regime der DDR wurde bespitzelt und gelogen. Wer sich dagegen auflehnte wurde zu langen Haftstrafen verurteilt oder seiner beruflichen Aufstiegsmöglichkeiten beraubt und als eine Art von Volksschädling abgestempelt. Auslandsreisen, Familientreffen mit den Angehörigen, die im Westen lebten usw. wurden in der Regel nur linientreuen Funktionären und einigen Prominenten gestattet.

Mit dem friedlichen aber hartnäckigen Protest der Massen wurde dann der Sturz des SED-Regimes und der Fall der Mauer eingeleitet.

In dieser Voraussage finde ich besonders die dritte Zeile bemerkenswert, wo es heißt: *"wenn Rhein-Kinder Deutsche beobachten"* – wie hätte man das treffender formulieren können, ohne dabei so deutlich zu werden, dass man auf Anhieb versteht, was diese Zeile aussagen möchte?

Eine Voraussage aus der 10. Centurie rundet das Ereignis vom Fall der Mauer ab. Die Stadt *Braunschweig* muss hier wohl stellvertretend für die gesamte DDR betrachtet werden:

1989–91

Die Wiedervereinigung,

10/14

Unerwarteter schneller Aufstand, rasch und schüchtern.
Eine Reihe, Tausendfuß und Distel weichen zurück.
Von Braunschweig wird ein Liebeszeichen geschickt,
Berg und Ebene, Großstadt, Stadt und Festung
werden mit den unteren Deutschen vereinigt
und werden sich zu Kreisbezirken zusammenschließen.

Ein plötzlicher und schneller Aufstand der Volksmassen öffnet unerwartet die Grenzen aus Mauern, Absperrungen und Stacheldraht (Tausendfuß und Distel). Ostdeutschland signalisiert die Bereitschaft zur Wiedervereinigung, welche dann 1991 besiegelt wird. Das einst getrennte Deutschland wächst wieder zusammen, was hier in den letzten drei Zeilen der Voraussage beeindruckend formuliert wird.

Ära SPD-Grüne:

Helmut Schröder ab 1998 ?

6/41

Vier Jahre wird die Belagerung einiger weniger gut halten,
sieben Jahre später wird es entgegengesetzt sein:
Antwort an den Roten wird vom Weg abweichen,
der zuträglich sein wird, die Streitigkeiten zu beruhigen.
Eine kurze Zeit die Tempel der Farben,
aber bald wird der Tadel bekannt sein.

Mit dem *'Tempel der Farben'* könnte eine 'bunte' Koalition gemeint sein wie beispielsweise, Rot-Schwarz-Gelb oder eine sogenannte 'Ampelregierung' aus Rot-Gelb-Grün. Ob diese Prophezeiung die derzeitige Koalition oder eine künftige Regierung umschreibt, bleibt offen.

Vorausgesagt werden vier Jahre von möglicherweise zwei Koalitionspartnern. Ein Bündnis dass eine Weile hält, sich aber nach sieben Jahren ins Gegenteil umkehrt. Ein neues SPD-Bündnis soll dann die aufgekommenen Wogen wieder glätten, es kommt zur oben beschriebenen größeren Koalition, die dann vielleicht durch neue Gesichtspunkte (Tadel/Skandale/Vertrauensfrage/ Neuwahlen ?) scheitern wird.

Eine Voraussage, die zum aufmerksamen Beobachten reizt...

Zukunft:
PDS als Regierungspartei...?

10/18

Das große Reich, jeder ist in der Schuld.
All die Freunde, die zur Partei gehalten haben,
wegen vorheriger Demut, nie so stolz gewesen,
werden deshalb vom Bruder gehasst.
Von dem anderen, fast viel Geringeren, wird Einigkeit sein.
In Rot und Schwarz werden sie ihr Grün umwandeln.

Auch diese Voraussage aus der 10. Centurie klingt nach einer politischen Vorschau. In den ersten Zeilen liest man vom wieder groß gewordenen Deutschland, indem sich Ost und West, schuldig gemacht haben. In den nachfolgenden Zeilen könnte die SED-Nachfolgerin PDS gemeint sein, welche zunehmend stärker wird und die Grünen aus dem Rennen wirft.

Eine PDS-CDU-Koalition scheint mir aus heutiger Sicht undenkbar (letzte Zeile), aber man hat ja bekanntlich selbst Pferde kotzen sehen. Man sollte diesen Bündnis-Gag also nicht völlig verwerfen. Vielleicht besagt der Sechszeiler auch nur, dass eine große Koalition das Bündnis mit den 'Grünen' ablösen wird.

Irgendwann, denke ich, wird man auch diese Voraussage deuten können. – Weitaus beunruhigender ist die nächste Prophezeiung:

Zukunft: Blutiger Anschlag in Deutschland?

3/35

Die Cimbres vereint mit ihren Nachbarn,
bilden eine Liga und sie sind Verbündete.
Die Würfel gefallen, die Netze schon ausgeworfen,
was zwischen April und März beginnen wird:
Die Stadtbewohner innerhalb erleiden starke Schäden.
– die Brücke abgebrochen, die Stadt vor Angst wie gelähmt.

Die *Cimbres* sind 'deutsche Küstenbewohner'. Diese sind nun mit ihren Nachbarn (Ex-DDR?) verbündet. Die ersten beiden Zeilen verweisen auf die Zeit des wiedervereinigten Deutschland. Die weiteren Zeilen haben sich noch nicht erfüllt und sprechen wohl ein künftiges Ereignis an, dass zwischen März und April eintreffen soll.

Ein schrecklicher Bombenanschlag, oder ein Unfall, der eine Brücke einstürzen lässt? Welche Stadt wird davon betroffen sein? Ist die 'Brücke' wörtlich gemeint oder steht das Wort nur symbolisch für eine bestehende 'Verbindung', die nun abreißen wird?

Der Hinweis, dass die Würfel bereits gefallen, und die Netze schon ausgeworfen sind, klingt nach einer längeren vorangegangenen Planungszeit oder Wartephase. So klar dieser Sechszeiler aber auch formuliert ist – verstehen wird man ihn erst, wenn das Ereignis stattgefunden hat...

Auch die nächste Prophezeiung, die offensichtlich einen politischen Umschwung schildert, lässt sich aus heutiger Sicht kaum einordnen. Vermutlich wird eine weibliche Regierungsvertreterin (aus Hessen?) hintergangen und ausgenutzt, schafft es dann aber doch, sich durchzusetzen. Oder ihre Bündnispartner fliehen mit wehenden Fahnen aus ihrem Einflussbereich – wie schon gesagt: die Voraussage ist heute kaum deutbar:

Zukunft:
Hessen und Sachsen im Rampenlicht

6/30

Von Bär und Schwein wird in Sachsen ein Monster geboren.
Die Wahl, durchgeführt in Frankfurt,
von sieben Zweigen werden sie auf drei reduziert.
Dame in Wut, durch Zorn über den Ehebruch.
Die falsche Union wird von kurzer Dauer sein,
die Dame bleibt alleine in der Regierung.

Hier kann man nur spekulieren. Die Politik einmal außeracht lassend, könnte es sich auch um einen wirtschaftlichen Zusammenschluss handeln, denn der 'Ehebruch' hat hier vermutlich nur symbolischen Charakter. Die erste Zeile klingt besonders geheimnisvoll – damit könnten Wappentiere gemeint sein.

Zukunft:
Sekten verändern Deutschland

3/14

Das göttliche Wort wird auf das Wesentliche gebracht.
In Deutschland entstehen verschiedene Sekten,
bleiben nicht innerhalb der deutschen Berge eingegrenzt.
Das Herz ergriffen, und Zufluchtsstätte der Kleinen,
verfügen Körper, Seele, Geist, über alle Macht,
ähnlich, wo das Orakel seinen Anfang hatte!

Vielleicht sollte Ray O. Nolan Guru werden...? Zeichen und Zeit dafür scheinen günstig. Frustriert suchen labile Seelen einen neuen Halt im Sektenwesen, welches sich in Deutschland weit über die Landesgrenzen hinweg ausdehnen wird. Die neuen Zufluchtsstätten der Normalbürger bringen Körper, Seele und Geist in Einklang und verfügen über alle Macht? Was bedeutet das?

Manipulation des Geistes oder geistige Freiheit? Der letzte Satz ist wohl als Erklärung gedacht, wirft aber eher neue Fragen auf: Wo fand das Orakel (und welches) seinen Anfang? In Delphi? Beim König des Phönix? Gott in seiner Allgegenwärtigkeit oder okkulte, spirituelle Geheimnisse im neuen Gewand?

Wir, oder unsere Kinder, werden die Fragen vielleicht einmal beantworten können...

Die letzten Päpste der Erde

Die 7. Centurie besteht im Originalwerk des Sehers nicht aus 100 Vierzeilern, sondern nur aus 42. Bis heute war unklar, warum Nostradamus diese Centurie mit weniger als der Hälfte an Voraussagen enden ließ. In der entschlüsselten Version verbleiben nach der Streichung der von Nostradamus angegebenen Blindzeilen genau neun Sechszeiler übrig, die das Geheimnis um diese Centurie nun lüften:

Nach einem Einführungsvers folgen acht Sechszeiler, die Zeile für Zeile vermutlich alle Päpste seit dem Jahre 1555 bis zum Ende der Prophezeiungen aufführen. Jedem Papst ist eine einzige Zeile gewidmet, die entweder ihn selbst beschreibt, oder die Zeit, in welcher er lebte. Löst man die Versform der Sechszeiler auf, erhält man nach dem Einführungsvers eine lückenlose Chronologie aller Päpste seit der Zeit des Michel Nostradamus bis in unsere Zukunft.

Die ersten sechs Zeilen berufen sich wohl auf Petrus oder Jesus und auf die nachfolgende Kette der Vertreter Gottes katholischen Glaubens. Danach folgt dann die Liste der Päpste seit 1555, einem Drei-Päpste-Jahr.

Der besseren Übersicht wegen habe ich jede Zeile mit dem Namen und der Amtszeit des jeweiligen Papstes ergänzt (Kopfzeile). Danach folgt dann die entsprechende Papst-Zeile des Sehers kursiv geschrieben:

Einführung:

Vor Gott versammelt, mit den Entschuldigten,
nachdem er den Seinen den Frieden vermacht hat,
steigt der Begrabene wieder aus dem Grab.
Für Weiße, Schwarze und aus Antikem, Frisches,
wird aus ihren Vorfahren die spätere Entwicklung gemacht,
wozu sich seine Vorgänger verpflichteten.

1. Paul IV. 1555–59 (Drei-Päpste-Jahr)
Der Dritte wird nicht erhalten, was er forderte.

2 Pius IV. 1559–65 (Hugonottenkriege)
Sekten nehmen überhand, heilige Philosophien.

3. Pius V. 1566–72
Der große Herzog von Alba wird sich auflehnen.

4. Gregor XIII. 1572–85 (Kalenderreform, Gregor. Kalender)
Falsch ausgestellt die Topographie.

5. Sixtus V. 1585–90
Der Große von Guise kommt, ihm die Zugpferde auszuspannen.

6. Urban VII. 1590
Wein wird über den Tisch verschüttet.

7. Gregor XIV. 1590–91
Durch betrügerische Regentschaft, die Armeen aufpoliert.

8. Innozenz IX. 1591 (Kampf gegen Osmanen).
Verjagt den Schäbigen, der sich dagegen erhebt.

9. Clemens VIII. 1592–1605
Tapferer und beherzter Führer der großen Bewegung.

10. Leo XI. 1605 (Ermordet?)
Vergiftet mit den Eiern der Barbe (Fischeier/Kaviar).

11. Paul V. 1605–21
Der ausgehöhlt, und die Rechnung wird gewaltig kommen!

12. Gregor XV. 1621–23
Durch den langen Krieg, die Bewegung auseinandergetrieben.

13. Urban VIII. 1623–44 (21 Jahre Amtszeit!)
Es werden 21 sein, davor die Tür verschlossenen.

14. Innozenz X. 1644–55
Falsche Versprechen und zärtliche Umarmung,

15. Alexander VII. 1655–67
Perugia wird mit Pisa machen, was es will.

16. Clemens IX. 1667–69
Boote und Galeeren, umgeben von sieben Seeschiffen.

17. Clemens X. 1670–76
Das königliche Zepter ist gezwungen, zu übernehmen.

18. Innozenz XI. 1676–89 (14 Jahre Papst!)
14 Jahre hindurch wird die Tyrannei halten.

19. Alexander VIII. 1689–91
Das Haus wegen des Lärms lange Zeit unbewohnt.

20. Innozenz XII. 1691–1700
Von einem hingeführt, mit der Flotte Krieg eröffnet.

21. Clemens XI. 1700–21
Die königlichen Unternehmungen wird man begreifen.

22. Innozenz XIII. 1721–24
Zweimal durch Schwarzen aus Parma hinabgestiegen.

23. Benedikt XIII. 1724–30 (Katharina die Grosse)
Die Dame, in Abwesenheit ihre großen Feldherren.

24. Clemens XII. 1730–40
Die Gelenke von Füßen und Händen verschlossen.

25. Benedikt XIV. 1749–58
Mit großer Ruhe wird die Regierung ausgearbeitet.

26. Clemens XIII. 1758–69
Weder Kirchen noch Geschlecht erhalten Gnade!

27. Clemens XIV. 1769–74 (Jesuiten aufgelöst)
Gefangen mitgenommen und ein Monument errichtet.

28. Pius VI. 1775–99 (Französische Revolution)
Körper sieht man, aufgehängt für die Augen der Öffentlichkeit.

29. Pius VII. 1800–23 (Napoleons Siege)
Blut fließt, der Größte mit der Hand erobert.

30. Leo XII. 1823–29
Angespornt wird er gewaltig loslaufen.

31. Pius VIII. 1829–30
Der Prinz von außergewöhnlichem Mitleid und Milde.

32. Gregor XVI. 1831–46 (Kirche erweitert, Vatikan arm)
Die große Tasche wird klagen, weinen.

33. Pius IX. 1846–78 (Floh aus Rom!)
Fliehe, Blume, fliehe! Noch näher Rom!

34. Leo XIII. 1878–1903 (Friedenspapst genannt)
Der große Spätgeborene führt das Ende des Krieges herbei.

35. Pius X. 1903–14 (Vor dem Ersten Weltkrieg)
Umzingelt, durchs Feuer wird der Weg gebahnt.

36. Benedikt XV. 1914–22 (Papst im Ersten Weltkrieg)
Über Meer und Erde, die Franzosen und Normannen.

37 Pius XI. 1922–39
Sieben Jahre davor wird dort die Belagerung sein.

38 Pius XII. 1939–58 (Erster Weltkrieg bis Nachkriegszeit)
Die Plünderung naht, Feuer, großes Blutvergießen!

39. Johannes XXIII. 1958–63 (stirbt während des Konzils)
Die große Kunde wird durch den Tod verändert

40. Paul VI. 1963–78 (Wohlstands-Zeit der westlichen Welt)
Spiele, Lachen, Festessen, das gesamte Volk eingeschlafen.

41. Johannes Paul I, 1978: (Der 33-Tage-Papst!)
Brot, Salz, kein Wein, Wasser, Gift, kein Kräuterbier.

42. Johannes Paul II, 1978: (Papst-Attentat, Rom 1981 ?)
Goldenes Efeu, der Amboss eingeschlossen im Geschoss.

43. Zukünftiger Papst (Nachfolger unseres heutigen Papstes)
Schwarz, Weiß zu Blau verbirgt sich in der Erde.

44. Zukünftiger Papst
Den Bogen des Archivs durch Achilles offenbart.

45. Zukünftiger Papst
Die Vorfahren kannten die Vierecke noch.

46. Zukünftiger Papst
Dann wird man durch das Wasserjahr Schlechtes vernehmen.

47. Zukünftiger Papst
Die Urnen der Monumente werden geöffnet.

48. Zukünftiger Papst
Vom königlichen Berg, geboren von einem Einsiedler.

Wenn also meine Interpretation dieser seltsamen Centurie richtig ist, dann enden die Prophezeiungen mit dem 48. Papst seit 1555 – einem Mann, "vom königlichen Berg, geboren von einem Einsiedler". Nach Johannes Paul II. würde danach ein Papst in einer Zeit regieren, für die der Satz steht: *"Schwarz, Weiß zu Blau verbirgt sich in der Erde/Welt."* Richtig wäre auch die folgende Übersetzung: *"Schwarz, Weiß nach Indien verbirgt sich in der Welt".* Welche der Übersetzungsmöglichkeiten hier anwendbar ist, wird die Zukunft zeigen müssen.

Auch die restlichen, noch in der Zukunft liegenden Papst-Prophezeiungen klingen heute noch sehr geheimnisvoll, vor allem, weil Nostradamus wohl bewusst einige Worte wählte, die mehrere Interpretationen zulassen, also zweideutig sind.

Dies gilt auch für den 42. Papst, *Johannes Paul II.*, auf den im Jahr 1981 in Rom ein Attentat verübt wurde. Während einer Audienz auf dem Petersplatz trafen ihn am 13. Mai mehrere Pistolenschüsse des Türken *Mehemet Ali Agca*, die ihn schwer verletzten. Die Zeile *"Goldenes Efeu, der Amboss eingeschlossen im Geschoss"* könnte auch so übersetzt werden: *"Goldenes Efeu, der Amboss, dicht darin die Kugel..."*

Das 'Goldene Efeu' könnte das Ranken der vielen nützlichen Reisen des Papstes symbolisieren, der bekanntlich als erster Papst überhaupt die halbe Welt bereist hat, aber auch die Amtszeit meinen: grünend und wuchernd, reich und mächtig werdend (Gold). Der Papst, der mit bürgerlichem Namen *Karol Wojtyla* hieß, stammt aus Polen, jenem Land, von dem zahlreiche Literaten behaupten, das Land habe stets zwischen "Hammer und Amboss" gelebt. Der Geburtsort von Johannes Paul II., Wadowice, liegt tatsächlich auch in einer Region, wo die Metall- und Eisenindustrie zu Hause ist – der Amboss könnte also die Herkunft des Papstes symbolisieren...

Rätsel der Menschheit

Wurde *Papst Johannes Paul I* vergiftet? Hat man König *Victor Emanuel II* nach seinem Tod 'ausgetauscht'? Werden außerirdische Wesen auf der Erde landen? Erschüttert ein Sexskandal das englische Königshaus? Kommt es zum 'Kampf' des Dollars gegen den Euro?

Offene Fragen, Geheimnisse der Menschheit, Vergangenheit, Gegenwart und Zukunft werden sich in diesem Kapitel ein Stelldichein geben. Beginnen möchte ich diesen Abschnitt mit der Vorhersage über einen seltsamen Narr, der die Welt für kurze Zeit in Atem halten wird.

Ein Narr blufft die Welt

8/11

Wenn von den Leuten des Kreuzes ein Verrückter gefunden,
der einen sehr unwürdigen Beinamen tragen wird,
rot, lang, dürr, den guten Diener spielend –
vom kurzen Rock wird er zum langen kommen!
Wo die Leute des Kreuzes fast vereinigt sein werden,
werden sie Gaunerei in bürgerlicher Verkleidung begehen.

Es ist anzunehmen, dass die Prophezeiung sicherlich nicht von einem Schotten handelt, der zum Kardinal aufsteigt. Oder doch? Rothaarig, lang, dürr, vor seiner Priesterwürde mit einem kurzen Rock (Kilt) ausgestattet – möglich wäre alles. In der Voraussage klingt das allerdings eher nach einem Mann, der sich in Rom lediglich als Bischof oder Kardinal ausgibt und für einige Zeit die Welt zum Narren hält.

Eine amüsante Prophezeiung...

Von der nächsten Voraussage kann man das nicht behaupten. Hier wird ein Wirtschaftsskandal (Juli 2006 ?) angekündigt, bei dem es vielleicht um Geldwäsche in großem Ausmaß geht. Da im Jahr 1999 vielleicht die Wurzeln des Skandals zu suchen sind, könnte der Vorfall mit der inzwischen neu eingeführten europäischen Einheitswährung, dem Euro zu tun haben. Klarheit werden wir darüber aber erst im betreffenden Jahr haben, wenn sich das Geheimnis lüftet...

Wirtschaftsdebakel im Jahr 2006

10/9
Das Jahr 1999, siebenter Monat.
Mittelmäßige Zeiten; die Süße für Bitterkeit.
Einige gute Jahre, eines untergrabend und plündernd.
Sieben Jahre später – der Ruf ohne Makel
wird nicht mehr lange Zeit strahlen und kraftlos werden
mit Kaufleuten, Buhlern, hassenswerten Wölfen.

Auch im folgenden Sechszeiler dreht sich alles ums liebe Geld. Dieses Ereignis liegt allerdings gerade hinter uns:

Jüdische NS-Opfer: **Die Schweiz wird zur Ader gelassen**

8/3
Der große Kredit, von Gold und Geld der Überfluss,
Für die Luzerner (Schweiz) der Kanton umgedreht!
wird die große Herde, in der Ecke stehend, beunruhigt,
Vor dem Gewinn,
werden die Wohlhabenden plötzlich halbiert:
Das Gold Capions geraubt und dann zurückgegeben.

August 1998: Nach einer Sammelklage von NS-Opfern verpflichten sich die beiden Schweizer Großbanken *Credit Swiss Group* und die *UBS* 1,25 Milliarden US-Dollar an überlebende Opfer der Judenverfolgung und deren Erben zu zahlen. 53 Jahre nach dem Zweiten Weltkrieg bekennen sich dann auch führende deutsche Industrieunternehmen dazu, dass sie von den Opfern des Hitler-Regimes (z.B. von den Zwangsarbeitern) profitiert hatten. Deutsche Anwälte verlangen für etwa 30.000 Opfer der Judenverfolgung allein von der Dresdner Bank 32 Milliarden DM. Die enorm hohen Streitwerte kratzen selbst am Nerv der hartgesottensten Firmen und Banker.

Interessant in dieser Voraussage ist die letzte Zeile: Das Wort "*Capions*" (lat.) umschreibt Menschen mit Ansprüchen auf durch Verjährung erlangte Eigentumsrechte. Also eine äußerst treffende Umschreibung von jenen, denen man "Gold und Geld raubte" und es dann wieder zurückgeben musste...

Einzelschicksal oder Emanzipation der Frau?

8/10

Tausendjährige Ordnung macht die Frau wütend,
wird durch Verlangen die Ehre blenden,
dass man nicht wissen wird, wer der Liebhaber ist.
Gegen Norden, große Anstrengungen durch Männlichkeit.
Er wird sich außerhalb seiner Würde entwaffnet sehen,
elend und traurig wird (man) ihm die Flügel schneiden!

Die Frau bäumt sich gegen die Vormachtstellung des Mannes auf, was auch an der Sexualität nicht spurlos vorübergeht. Unser Jahrtausendealtes gehegtes und gepflegtes Recht, dass wir dürfen und die Damen derweil züchtig daheim auf uns warten, ist dahin! Der Mann bäumt sich dagegen auf, am Ende werden ihm jedoch von der Weiblichkeit die Flügel beschnitten.

Ein schrecklicher Sechszeiler, der überall um mich herum bereits wahr geworden ist...

Nur in England scheint es noch einige Mitstreiter zu geben – oder klärt die folgende Prophezeiung nur einige Skandale auf, die uns in den Sechziger und Siebziger Jahren ans Ohr kamen –

wie die Affäre Christine Keeler (das war die englische Lewinski der wilden 60er), wo am Ende hohe Politiker ihren Hut nehmen mussten?

Sex-Skandale im konservativen England

5/34

Wo sich das Haupt der britischen Inseln aufhält,
wird ein gesetzwidriges und unzüchtiges Leben geführt
und dass die Erinnerung dieser Stimme vergehen möge.
Jene ringsherum werden nicht zur Ruhe kommen.
Man stellt falsche Behauptungen darüber auf,
und feurige Dame wird letztlich nicht mehr zu sehen sein.

Im Jahr 1963 stolperte der englische Verteidigungsminister *John Profumo* über eine Sex- und Spionageaffäre mit dem hübschen Callgirl Christine Keeler, was zum spätere Scheitern der Macmillan-Regierung führte. Die Geschichte schlug damals enorme Wellen, trotzdem denke ich, dass das hier angekündigte Ereignis zu den zukünftigen Prophezeiungen gehört und noch mehr Zündstoff bieten könnte.

Grund: Die Clinton-Lewinski-Affäre in den USA war sicher weitaus spektakulärer als seiner Zeit der Profumo-Keeler-Skandal und doch findet man nichts davon in den Centurien. Vielleicht erfährt man irgendwann einmal delikat Anrüchiges aus dem Königshaus?

Prinz Charles mit Strapsen? Unmöglich!

Ebenfalls das englische Königshaus betreffend, schildert der Sechszeiler 10/39 die Ehe von Prinz Charles und der Bürgerlichen *Lady-Di*, Diana Spencer. Die Prophezeiung endet mit dem tödlichen Unfall der beliebten Prinzessin im August 1997 in Paris:

England/Frankreich:
Prinz Charles und Lady Diana

10/39
Erster Sohn, unglücklicher Witwer. – Glückliche Heirat
in großer Freude zelebriert, aber das Ende ist unglücklich.
Zweimal in die Höhe gebracht durch traurige Geschichten
verachten Vermählter und Mutter die Schwiegertochter.
Großer Blutschwall wird aus ihrem Mund fließen,
der Phybe tot, und die Schwiegertochter besonders
bemitleidenswert.

Von sensationssüchtigen Reportern durch halb Paris verfolgt, kommt es in einer Unterführung zu einem tödlichen Autounfall. Ein Schock für die Welt: Die über alle Maßen beliebte Lady-Di erliegt ihren schweren Verletzungen. Die ganze Welt trauert um die charmante Diana Spencer, die inzwischen von Prinz Charles geschieden ist.

Die Hochzeit, einst als Jahrhunderthochzeit zelebriert, wurde via Satellit in die ganze Welt ausgestrahlt. Doch das Eheglück hielt wohl nicht sehr lange, obwohl nach außen hin der Schein gewahrt wurde. Märchenhochzeit bis zum schlimmen Tod – die sechs Zeilen dieser Voraussage spiegeln diese Zeit wieder...

Drei-Päpste-Jahr 1978:
Johannes Paul I. stirbt nach 33 Tagen

3/33
Die Leute der Kirche werden Skandale auslösen:
Das Horn des Opfertieres vergoldet, und von beißendem Blau,
solltest Du hier keine weitere Ausdehnung wagen!
Am Tag danach wird der Papst gewählt,
die sehr kurze Macht und ihre stechende Rüge.
Vergiftet sein Blut durch den heiligen Kelch!

Im Jahr 1978 gab es drei Päpste auf dem Stuhl Petri. *Paul VI.* starb nach langer Amtszeit, sein Nachfolger, *Johannes Paul I.*, konnte sein Amt nur 33 Tage lang ausüben, dann folgte der jetzige Papst *Johannes Paul II.*

Die Voraussage ist besonders im ersten Teil nicht leicht zu verstehen. Ob sich das seltsame Ereignis (2. Zeile) direkt auf die Papstwahl bezieht oder örtlicher Natur ist (Rom), lässt sich schwer bestimmen. Datumsgleich waren im Iran die ersten großen Generalstreiks, die ein Jahr später die Flucht des Schah *Resa Pahlawi* einleiteten, und der Start der sowjetischen Raumkapsel *Sojus 31* ins All.

Die letzten beiden Zeilen der Prophezeiung durchleuchten das Umfeld des neugewählten Papstes, der mit eisernem Besen kehren wollte, um vorangegangene finanzielle Schiebereien und Geldwäschen der Vatikanbank aufzuklären. Die Gerüchte wurden nicht still, die Mafia sei mit dem plötzlichen Ableben des neuen Papstes in Verbindung zu bringen und *Johannes Paul I.* sei vergiftet worden...

August 2000:
Russisches Atom U-Boot sinkt in der Barentssee

3/18

Den großen Ozean in Schrecken versetzend,
taucht ein entsetzlicher Fisch auf.
Soviel nach unten, wie nach oben entfernt,
bewegen sich seine dazu Gehörenden auf sehr tiefer Spur.
Durch Feuer und Blut – am Ende nur wenig Barmherzigkeit,
wird von den Bewohnern nicht einer übrigbleiben.

118 Menschen finden den Tod, als am 12. 8. 2000 das russische Atom-U-Boot *Kursk* sinkt. Erst zwei Tage erfährt die Öffentlichkeit von dem Unfall. Die Sowjets lehnen ausländische Hilfe zur Bergung der Seeleute ab, als sich dann doch norwegische Taucher an der Rettungsaktion beteiligen dürfen, kommt

jede Hilfe zu spät. Das Boot ist inzwischen völlig überflutet, alle 118 Besatzungsmitglieder sind tot...

1822 – 1878:
Regierte ein Metzersohn Italien?

4/20

Nachdem er seinen Platz verlassen haben wird,
verbrannt die Zunge, das Fleisch und die Knochen,
werden verschiedene Kundschafter entsandt.
Später wird der geborene Sohn der Morgendämmerung
– Victor – dann auf dem Boden Armoricas geboren.
Die Linie des großen Monarchen wird nicht untergehen.

Italien, Spätsommer 1822: Die Amme Teresa Zanotti Racca nähert sich mit einer brennenden Kerze dem Kinderbettchen des zweijährigen Prinzen Victor Emanuel und entzündet versehendlich den Spitzentüll über dem Bett des kleinen Thronfolgers. Im Nu brennt alles lichterloh und bei dem Versuch die Flammen zu löschen, trägt die Amme so schwere Verbrennungen davon, dass sie kurze Zeit später daran stirbt.

Nach Angaben des Hauses Savoyen konnte der kleine Prinz gerettet werden, doch Gerüchte wurden bald laut, dass Viktor Emanuel in den Flammen umgekommen sei und der Vater habe das Kind durch den Knaben eines Metzgers aus Florenz ersetzt. Der uneheliche Sohn des Gaetano Tiburzi und seiner Freundin Regina Bettini habe nun aus Ermangelung eines Thronfolgers dessen Rolle übernommen.

Der bis dahin mittellose Metzger ward dann auch alsbald ein reicher Mann, baute Häuser und vermietete sie. Als er starb hinterließ er seinen 17 Kindern immerhin 43 Mietwohnungen, was die Gerüchte, er habe ab nun ausgesorgt, durchaus erhärtet.

Aufhorchen lassen einen die letzten drei Zeilen der Prophezeiung, wo – versteckt angedeutet – praktisch von einer Geburt gesprochen wird, die zweimal geschieht. Der 'Boden *Armoricas*' bedeutet, dass er nun auf dem Boden des 'Landes am Meer' geboren wurde. Damit dürfte der Stammsitz der Familie, Sardinien, gemeint sein, über das Victor Emanuel II. von 1849–61 regierte – danach wurde er König von Italien (1861–71).

Victor Emanuel II. – echt oder nicht echt – wurde ein großer Staatsmann seiner Zeit.

1973
Erdöl wird zur politischen Waffe

5/4

Sieben Verschwörer. Beim Bankett werden sie glänzen,
entspringt Entscheidendes dem islamischen Gesetz:
Bei seinem Höchstpreis, der sabäische Tropfen (Saudi-Öl),
von Felix-Arabia (Saudi-Arabien) Widerspruch.
Nach und nach werden die Großen verärgerter,
werden überwechseln auf die eintägigen Feiertage.

Leergefegte Autobahnen im Sommer 1973. Autofreie Wochenenden. Nur mit speziellen Transportscheinen durften wichtige Güter befördert werden. Die westliche Welt reagierte auf immense Ölpreiserhöhungen und drastischen Herabsetzungen der Fördermengen durch die ölexportierenden Länder (OPEC).

Der 'sabäische Tropfen' steht in der Voraussage für das saudiarabische Öl. Die 'sieben Verschwörer', welche beim Bankett glänzen, sind die beschlussfassenden Länder der OPEC, und die Bezeichnung 'Felix Arabia' ist der frühere Name von Saudi-Arabien. Schließlich beugt man sich dem Boykott der Industrieländer und hebt die drastischen Maßnahmen – Saudi Arabien ganz vorne bei den Befürwortern – wieder auf.

Die Fahrräder werden wieder in die Keller gebracht – die Autoindustrie atmet auf und die westliche Welt darf weiterhin ihre Umwelt bis hin zum Klimakollaps vergewaltigen...

Deutschland:
Geheime Schriftzüge entblößt!

8/16

Der Gewählte vernichtet, seine Leute eingesperrt!
Das neue Reich im Elend,
die Scheinwelt von Gold und Silber aufgeblasen.
Wenn die Schriftzüge D. M. gefunden,
Regierung der Länder überladen, und mehr sieht man wachsen
wieder einmal das Volk im Monopol!

Als Vierzeiler (8/66) unverständlich und geheimnisvoll, lüftet der Sechszeiler nun endlich das Geheimnis um die 'Schriftzüge D.M.' – es geht um den schnöden Mammon der deutschen Nachkriegszeit, die Deutsche Mark! Der Krieg ist vorüber, der 'Gewählte' (Hitler) vernichtet, seine Anhänger inhaftiert. Das Land liegt in Trümmern, das alte Geld taugt nichts. Ein Brot kostet Hunderte von Mark, aber keiner will das Geld. Tauschhandel und Schwarzmarkt blühen bis 1948.

Dann wird die Deutsche Mark, später nur noch 'DM' genannt, eingeführt – jeder startet mit der gleichen Kopfquote von 60 Mark. Schließlich, wenn die Schriftzüge der D.M. endlich in die Realität umgesetzt werden, tauchen plötzlich überall im Land auch die Waren auf. Zehn Jahre später startet Deutschland bereits in seine 'Wirtschaftswunderzeit' und der Begriff '*Made in Germany*' wird zum Wertbegriff in der gesamten Welt.

Wieder einmal das Volk im Monopol...

Der nachfolgende Sechszeiler ist sehr rätselhaft. Vielleicht beschreibt er den Besuch außerirdischer Wesen auf unserem Planeten...? Dazu gibt es zwei Anschlussverse, welche mit der ersten Prophezeiung zusammenhängen könnten. Alle drei Voraussagen klingen wie der Bericht über außerirdische Besucher, sind jedoch einzeln wie in ihrer Gesamtheit nur schwer zu deuten:

Zukunft:
Besucher aus dem All...?

8/29

Der König betritt weit voraus die neue Erde,
Tonnen und Fässer verbunden, um zu überqueren,
das Blut des Gerechten, durch das Sternbild Stier und Xiphias.
Im Februar Chaldondon grüßend,
wird sich die Zahl der Astronomen stark vermehren,
für den langwierigen König und Freund der halben Menschheit.

8/30

Unantastbares Vorüberfliegen, dann, wenn man das Fest veranstaltet,
und Flüssigkeitsleitung und der Fürst ausgeschmückt.
Für den Überfluss der Waffe ausgebreitet
wird der Osten, auch der Westen, schwach werden.
Weder der eine noch der andere wird die Wahl haben.
Großartige Taten durch diesen großen Messias!

8/31

Aber dann wird großer und grausamer Übeltäter kommen,
dem Größten den Fuß auf die Kehle stellend!
Durch die Macht von drei weltlichen Königen
wird so große Flut hereinbrechen, und so plötzlich
die Welt durch die drei Brüder in Verwirrung gestürzt,
dass keiner zu den Weihen mehr sicher sein wird.

Der erste Sechszeiler dieser Gruppe erweckt den Anschein einer außerplanetarischen Reise mit dem Startpunkt Erde. Der Aufbruch zur Erkundung neuer Welten führt uns durch die Unendlichkeit des Alls in ferne Galaxien. Eine Reise, die von den Bodenstationen der Erde mitverfolgt wird.

Oder wird hier vom Besuch aus dem All gesprochen...?

Ein Rätsel, dass wir heute ebenfalls noch nicht lösen können, zeigt sich in der folgenden Vorhersage, die ganz offensichtlich in unserer Zukunft angesiedelt werden muss. Nun bin ich von Natur aus ein positiv eingestellter Mensch, der dazu neigt, Menschen und Ereignisse (stets bis meistens) von ihrer Schokoladenseite her zu sehen. So will ich in der folgenden Prophezeiung gerne den leichten Beigeschmack von Sarkasmus oder Mitleid überhören und sie unter den wenigen einordnen, die uns Hoffnung zu geben versuchen, statt die Endphase des menschlichen Daseins in wohltuende Worte zu fassen:

Anfang und Ende?

2/4

Die neue Erde wird in ihrer höchsten Entfaltung stehen,
der Tag des Todes wird zum Tag der Geburt.
Hoffnung und Schatten von höchster Vermählung,
dem heiligen Opfer nahe.
Göttlicher Geist beglückt die Seele,
dass man sich in die große Liga einordnet.

Eine glücksverheißende, Hoffnung gebende Prophezeiung für unsere Zukunft? Die Wiederauferstehung menschlicher Seelen nach biblisch-christlichem Vorbild? Das Verlöbnis mit Gott, nach dem Tag des Jüngsten Gerichts oder medizinischer Fortschritt und der Sieg des Menschen über den Tod?

Magische Worte, für die wir heute noch keine Antwort haben...

Was sind Prophezeiungen?

In meinen Web-Foren wird viel über den Sinn von Prophezeiungen und ihrer Herkunft diskutiert, wobei sich die Geister immer dann scheiden, wenn es um die Frage geht, ob vorausgesagte Ereignisse dadurch abwendbar werden, weil man durch die Propheten rechtzeitig informiert wurde.

Würde diese These zutreffen, wären, oberflächlich betrachtet, nahezu alle bisher gemachten Prophezeiungen richtig gewesen, weil sie sich entweder erfüllt hätten (korrekte Voraussage) oder nicht erfüllt hätten, da schon im Vorfeld das kommende Unheil bekannt war und somit durch entsprechende Gegenmaßnahmen abgewendet werden konnte (wieder eine korrekte Voraussage). Praktisch wäre damit der wirkliche Wert von Prophezeiungen niemals beweisbar.

Diese etwas paradoxe Sichtweise, Prophezeiungen als unumstößlich richtig anzuerkennen, hat sich insbesondere tief bei jenen Menschen eingenistet, die auch davon überzeugt sind, man könne durch negatives oder positives Denken Katastrophen abwenden oder herbeiführen und daher praktisch auch die Zukunft beeinflussen. Drohendes Unheil, Kriege, selbst Naturkatastrophen oder glückliche Epochen, seien stets das Produkt unserer Ängste, Hoffnungen, Zufriedenheit oder unserer Aggressionsbereitschaft.

Wäre dem so, müssten Sturmfluten, Überschwemmungen, herabstürzende Kometen, Hungersnöte und Kriege durch negatives Denken herbeigeführt worden sein, zumindest aber durch positives Denken oder inbrünstige Gebete abgewendet werden können. Flugzeuge würden abstürzen, weil zahlreiche Passagiere mit Angstpsychosen an Bord wären, und wir könnten das Wetter frei nach unserem Willen gestalten. Und am Ende könnten es die Prophezeiungen selbst sein, die bestimmte Ereignisse erst geschehen lassen – eben deshalb, weil es sie gibt, weil Millionen an sie glauben und somit durch ihre Ängste die angekündigten Prozesse auslösen würden.

Unheil durch Wunschdenken in wohliges Nichts zu verwandeln oder es durch negative Gedanken herbeizuführen (und damit auch die Zukunft zu beeinflussen), halte ich für keinen guten Weg, unseren Kindern ein sicheres Zuhause zu errichten.

Positives Denken erzeugt im persönlichen Umfeld sicherlich auch positive Reflektionen – positive Handlungen aber auch! Das wird leider oft verwechselt. Mutter Theresa oder Albert Schweitzer engagierten sich sehr aktiv für die Ärmsten der Armen. Sie handelten, taten etwas. Diesen Taten haben sie ihren guten Ruf zu verdanken. Wären sie in ihrer Heimat geblieben, um sich tagtäglich in positivem Denken zu ergehen, wäre ganz sicher weniger an Ehre und Dankbarkeit an sie zurückgeflossen und sie hätten auch sehr viel weniger bewegt.

Doch wie steht es nun um die Prophezeiungen...?

Sind sie abwendbar? Kann man durch die Erkenntnis, die sie uns vermitteln wollen, die Zukunft beeinflussen, also ein vorausgesagtes Schicksal abwenden? Oder anders gefragt: Ist das, was uns prophezeit wird, unabwendbar? Wird es zwingend so eintreffen, wie man es voraussagte?

Um hier eine plausible Antwort zu finden, müssen wir uns zunächst einmal darüber klar werden, dass man – mögliche göttliche Inspirationen einmal beiseite lassend – faktisch nur Dinge (voraus)sehen kann, die bereits geschehen sind, denn sonst könnte man sie nicht sehen. Bis zu dieser Schallgrenze herrscht allgemein Einigkeit, aber damit haben wir bereits auch die Schnittstelle erreicht, wo die Meinungen beinahe zwingend auseinandergehen müssen:

These 1: Die Zukunft lässt sich, wenn überhaupt, nur voraussehen, wenn sie bereits existiert, also ist sie unabänderlich. Nur nach dem Leitsatz, 'was passiert ist, ist passiert', gehört sie zum nicht mehr wandelbaren Vergangenen, könnte durch irgend etwas einsehbar werden, wäre jedoch nicht mehr korrigierbar, sondern ein fester Bestandteil unserer Geschichte.

Diese These setzt ein mehrschichtiges Raum-Zeitgefüge voraus, das einen visionären Blick in eine existierende Parallelwelt überhaupt erst möglich machen würde. Und das, was man in einer solchen parallelen Welt sieht, müsste bereits geschehen sein, da man es sonst nicht erblicken könnte.

Schlussfolgerung: Das Gesehene ist korrekt und Prophezeiungsirrtümer basieren lediglich auf einer falschen Wiedergabe oder der unrichtigen Interpretation von erblickten Ereignissen. Korrekt wiedergegebene Prophezeiungen müssten jedoch unabwendbar eintreffen, da sie (in einer parallelen Welt ?) bereits feststehen (sonst hätte man sie nicht sehen können). Hierbei darf es auch keine Rolle spielen, ob der Ausgang eines visionär erblickten Ereignisses noch offen (wandelbar) ist, da der Ausgang nicht immer Teil eines prophetischen Geschehens ist, also in besonderen Fällen auch nicht unabwendbar sein muss.

<u>Endbetrachtung zu dieser These:</u> Nicht eingetroffene oder völlig falsche Prophezeiungen können einerseits auf einer falschen Interpretation des vorausgesehenen Ereignisses beruhen, andererseits aber auch rein visionärer Gedankenschrott sein. Hier die Spreu vom Weizen zu trennen, wird von Fall zu Fall nur durch gewissenhafte Prüfungen und Analysen von vorausgegangenen (früheren) Prophezeiungen möglich.

Dies wiederum bedeutet, dass man, um eine Antwort finden zu können, alle bekannten und zugänglichen Prophezeiungen deren man habhaft werden kann, peinlich genau überprüft. Dabei muss die Aussage einer Prophezeiung so beschaffen sein, dass der Deutungsspielraum eng eingegrenzt bleibt und man das vorausgesagte Ereignis so verstehen und einordnen kann, dass ein Vergleich mit tatsächlich eingetroffenen Geschehnissen möglich wird. Diffus formulierte Prophezeiungen, die einen zu großen Deutungsspielraum zulassen, oder Voraussagen, deren Quellen nicht mehr feststellbar sind und wo die Möglichkeit von nachträglichen Änderungen oder Anpassungen nicht auszuschließen ist, eignen sich nicht für eine Überprüfung.

Nun, ich will es vorweg nehmen: Die Ergebnisse einer solchen Analyse sind niederschmetternd. Allein die Prophezeiungen, die – von der Bibel bis zu den bekanntesten Hellsehern unserer Gegenwart – zur Jahrtausendwende gemacht wurden, waren samt und sonders falsch. Will man nun all die Heiligen und Propheten und Hellsichtigen nicht der Lüge oder des schweren Irrtums in ihrer Interpretation bezichtigen, so muss man zu dem ernüchternden Schluss kommen, dass Menschen zuweilen zwar 'visionäre Eingebungen' haben, dass sie sich aber letztendlich alle als halluzinativer Gedankenmüll offenbarten.

These 2: Das, was die Propheten sehen, sind keine Bilder aus einer bereits feststehenden Zukunft, sondern von Gott (oder anderen überirdischen Wesen) gesandte und vom Medium empfangene Inspirationen, womit sich die Zukunft gleichzeitig als wandelbar darstellen könnte.

Diese These setzt den Glauben an eine übergeordnete Existenz (Gottes) voraus, der mit mahnendem Finger die Menschheit aufrüttelt, sie lenkt und ihnen über einige wenige begnadete hellsichtige Medien informative Zukunftsbilder übermittelt.

Schlussfolgerung: Das Gesehene ist korrekt und Prophezeiungsirrtümer basieren lediglich auf einer falschen Wiedergabe bzw. der unrichtigen Interpretation von erblickten Ereignissen. Korrekt wiedergegebene Prophezeiungen müssten zwingend eintreffen, wenn wir die (von Gott gesandten) Mahnungen unbeachtet lassen, oder sie treffen nicht ein, weil sie einen Sinnes- und Tatenwandel unter den Menschen hervorriefen. Hier wird dann eine Prüfung jedoch unmöglich, weil der reine Glaube gefordert wird (wie zu Beginn dieses Kapitels beschrieben).

Endbetrachtung zu dieser These: Auch hier lohnt es sich, die Summe aller früheren Prophezeiungen (z.B. über die gerade hinter uns liegende Jahrtausendwende) mit jener der tatsächlich eingetroffenen Ereignisse (nichts Aufregendes passierte) auszuloten. Da alle überprüfungsfähigen Prophezeiungen falsch waren – von der Bibel bis heute – spricht für die göttliche Inspiration eigentlich nur, dass sich die Menschen all die vorangekündigten Schreckensszenarien zu Herzen nahmen, inbrünstig und fromm wurden und daher imstande waren, die Schreckens-Prophezeiungen abzuwenden.

Wenn wir uns allerdings diese Welt und die Menschen, die darin agieren, ansehen und uns nach einem kritischen Blick nicht so recht für die letztgenannte Feststellung erwärmen können, dass das Gute in uns Menschen das in Massen prophezeite Unheil abgewendet hätte, dann bleibt auch hier nur die unangenehme Feststellung, dass Menschen zwar 'prophetische Visionen' haben können, dass sich diese aber letztendlich fast immer als halluzinativer Gedankenmüll offenbart haben.

These 3: Die vorangegangenen Überlegungen lassen nun prinzipiell zwei Arten von eingetroffenen Vorhersagen zu. Einmal sind sie die Konsequenz von 'echten Zukunftseinblicken', oder sie führen sich auf die göttliche Eingebung (oder die einer unsichtbaren höheren Instanz) zurück, über deren Wahrheitsgehalt aber nur die Glaubenden entscheiden können. Eine weitere Möglichkeit muss hier aber auch noch Beachtung finden: Voraussagen, geschöpft aus unserem Wissen, unseren Erfahrungen sowie der Vorstellungskraft, wie sich bestimmte Dinge weiterentwickeln könnten – die prognostische Vorhersage...

Der Wandel von der Prognose zur Prophezeiung ist ein schleichender Prozess, bei dem die Länge des Zeitraums, vom Zeitpunkt des Aussprechens einer Prognose bis zu ihrem Eintreffen, eine überragende Rolle spielt.

Die Aussagen des Prognostikers, die sogenannten Postulate, sind nichts anderes als 'wahrscheinliche Vorhersagen', Hypothesen eines Zukunftsbildes, die bis zu ihrer Erfüllung entweder als wahr oder falsch gelten, oder sie werden der spekulativen

Wahrscheinlichkeit zugeordnet und bleiben dann wieder eine Glaubensfrage. Auch hier wird also immer erst die Zukunft darüber entscheiden, ob sich solche Voraussagen in den Rang der wahren Gesetzmäßigkeiten erheben dürfen.

Trifft die Voraussage schließlich zu, bleiben in der Regel die eigentlichen Umstände, wie der Betreffende das scheinbar Unmögliche möglich machen konnte, eine so korrekte Voraussage zu machen, im Dunkeln verborgen. Vor allem, wenn der Inhalt einer solchen Vorhersage eine weit voraus liegende Zeit behandelte und der einstige Verfasser über die ursächliche Herkunft seiner Voraussage nicht mehr befragt werden kann, wird selbst eine prognostisch-wissenschaftliche Vorhersage nun mit dem Hauch von geheimnisvoller Prophetie umgeben. Treffende Beispiele finden wir in der Literatur (z.B. bei Jules Verne oder in Orwell's "Big Brother").

In dem Wettstreit Prognose gegen Prophezeiung müsste die Prognose mittel- und langfristig eigentlich als Sieger hervorgehen, da sie ihre Basis aus der Abwägung von vorhandenem Wissen und den durchaus einschätzbaren praktikablen zukünftigen Entwicklungen, Trends und Tendenzen bezieht. Objektiv betrachtet ist sie wohl auch der überlegene Sieger, man findet sie eben nur selten in Prophezeiungsbüchern, sondern in Fachjournalen und in politischen oder wissenschaftlichen Studien.

Prognosen wenden sich also auch an ein völlig anderes Publikum und vermischen sich in der Literatur nur da mit prophetischen Vorhersagen, wo die Themen der Vorausschau relativ identisch sind.

Man darf als sicher annehmen, dass zahlreiche uns bekannte Weltuntergangs-Prophezeiungen ihre Wurzel aus der Prognose gezogen haben. Hier wurden bestehende Zustände, Befürchtungen und Ängste zu einem Zukunftsbild multipliziert, dass berechenbar erschien und so die Untergangsprophezeiung bildete. Diese Vermischung von gegenwärtigen Ereignissen mit den tief in unserer der Seele schlummernden Zukunftsängsten bildet dann auch das Fundament für die vierte Ursache von prophetischen Voraussagen:

These 4: Prophezeiungen sind das Produkt unseres Unterbewusstseins und unseres Verstandes. Sie projizieren sich in Ahnungen, zukunftsvorausschauenden Träumen oder Tagträumen und zuweilen in Bildern mit symbolischem Charakter. Sie können sich erfüllen oder nicht erfüllen. Erfüllen sie sich, ist dies entweder zufällig oder bei der Ausschaltung unserer aktiven Verstandestätigkeit im Schlaf, in Trance usw. werden durch die sensibilisierte Wahrnehmungskraft des Unbewussten Zukunftseinblicke möglich. Diese kämen dann jedoch aus einer real gewordenen Zukunft (These 1), wären Ermahnungen Gottes (2) oder die sich in visionären Bildern ausdrückenden prognostischen Überlegungen (These 3), die nun vom Unterbewusstsein verarbeitet oder 'ausgeschüttet' werden.

Hier nun ein Referat über die Psyche des Menschen und die lebensnotwendige Einrichtung seiner Träume zu halten, wäre nicht der richtige Ort. In Bezug auf die Wahrscheinlichkeit von Prophezeiungen, die wir fast immer in einem Wahrnehmungszustand erhalten, bei dem die Verstandestätigkeit des bewussten Denkens weitgehend ausgeschaltet ist, sollte eine Erklärung jedoch nicht fehlen.

Ganz gleich, ob derartige Traumvisionen das Produkt von phyischen oder äußeren Einflüssen sind (Hunger, ungewöhnliche Temperaturen oder Geräusche, Fieber, Koma, Stress, Harndrang u.v.m.) oder ob sie tatsächlich von einer in die Zukunft weisenden Quelle jedwelcher Art kommen – am Ende sind es zwei in uns konkurrierende Zustände, die das Gesehene verarbeiten und gegebenenfalls deuten müssen: Bewusstsein und Unterbewusstsein.

Nach dem Heraustreten aus dem Unbewussten, muss sich nun das Bewusstsein mit den Fragmenten der Wahrnehmung auseinandersetzen und es in die richtige 'Schublade' unseres Wissens-

und Erfahrungsschatzes einordnen. Bei Träumen kann man zwar trainieren, dass man sich nach dem Erwachen wieder an sie erinnert (sie aus dem Unterbewussten ins Bewusstsein ruft), wie unverfälscht sie dort allerdings angelangen, weiß die Wissenschaft bis heute noch nicht, da mit dem Zeitpunkt des Erinnerns bereits die Verstandestätigkeit eingesetzt hat (die andere Bewusstseinebene), welche die Traumbilder, im Gegensatz zum Unbewussten, nur mit dem zu vergleichen imstande ist, was es kennt.

So setzt mit dem Transfer des unbewusst Erlebten ins analytische Bewusstsein, bereits eine Erkennungsanpassung ein, die zwar über eine beachtliche Toleranzbreite verfügt, doch absolut Unbegreifliches sofort verwirft und in den Eimer für 'Gedankenmüll' verbannt. Der Verstand macht somit das Ungewöhnliche begreifbar (wir würden sonst verrückt werden), selbst wenn er es zu diesem Zweck durch Auslassungen die vom Unterbewusstsein kommenden Informationen anpassen und damit praktisch 'verfälschen' musste.

Was danach übrig bleibt, ist bei sehr ungewöhnlichen Visionen immer noch genug, um an der Interpretation zu verzweifeln. Unser Bewusstsein sucht und braucht die richtige 'Schublade', um die nun manifestierte Wahrnehmung einordnen zu können. Auch hierbei kann es nur auf das zurückgreifen, was ihm bekannt ist: Geheimnisvolles, Prophezeiungen, Unsinn, göttliche Inspiration, okkulte Botschaft, außerirische Einflüsterungen und... und... und...

Je nach Erlerntem, Erfahrungen, Gehörtem und Wissen findet nun jeder Mensch eine halbwegs passende Schublade, *seine Wahrheit*, um die Information dort abzulegen. Am Ende ist es eine Prophezeiung, ein Wink Gottes, etwas Unerklärbares oder einfach nur geträumter Unsinn. Wir selbst sind es also, die Ungebreifbarem erst einen Namen zuweisen.

Ein kleines Beispiel soll das am Ende verdeutlichen:

Jeder von uns hat sicherlich schon einmal den überaus beeindruckenden und schönen Traum gehabt, dass er fliegen könne.

Oft, weil es so schön ist, träumt man das in Serien oder über einen langen Zeitraum hinweg. Haben Sie aber ein derartiges, wenn auch überaus beeindruckendes Traumerlebnis je als die Vorankündigung (Prophezeiung) betrachtet, dass Sie irgend wann einmal fliegen können werden?

Sollte die Antwort 'nein' lauten, dann haben Sie dieses Traumerlebnis vielleicht unter 'tolle Träume' abgelegt. Wenn die Antwort 'ja' lautet, vergessen Sie bitte nicht, das Buch nach dem Lesen wieder in die Anstaltsbibliothek zurückzubringen...

Okay, und was sollte das Ganze?

Nun, ich habe versucht darzulegen, dass der Ursprung von Prophezeiungen auch in Traumbildern liegen kann, die in so beeindruckender Weise in unser Bewusstsein vordringen, dass wir sie einerseits, weil sie so realistisch erschienen, nicht vergessen können und möchten, dass wir sie aber nur überbewerten, weil wir sie lediglich in der falschen Schublade abgelegt haben. Und da in der Regel derartige Prophezeiungen nicht von uns selbst, sondern von Dritten stammen und durch das ständige Wiederholen und die Mund-zu-Mund-Überlieferungen nicht karger, sondern griffiger werden, sollten wir ihnen also mit einer gesunden Skepsis gegenüberstehen.

Ein sehr typisches Beispiel für Prophezeiungs-Nonsens sind die immer wieder hoch gepriesenen Voraussagen des Alois Irlmaier (1894–1959) über den Dritten Weltkrieg. Akribisch genau schildert der Mann, der selbst drei Kriege mitgemacht hatte und im Ersten Weltkrieg eine Weile verschüttet war, die Gräuel des nun schon seit 60 Jahren ausstehenden Krieges, Truppenbewegungen und Giftgasangriffe. Tief beeindruckende Schilderungen – leider auch mit so viel köstlich zu lesendem Schwachsinn versetzt, dass man erst gar nicht über seine Visionen nachdenken sollte.

Nur – diese makabre Auflistung an echten Gags bekommt man heute nicht mehr zu lesen. All das, was den Wert seiner

Prophezeiung in Frage stellen könnte, wird schlicht und ergreifend weggelassen. Am Ende schreibt einer vom anderen ab – daran krankt besonders das Internet – und schon kursieren die abenteuerlichsten Prophezeiungen durch die Welt der Medien.

Doch ich möchte Ihnen die Krönung der Irlmaier-Prophezeiung nicht vorenthalten. Man findet sie nur in frühen Abdrucken und sie endet nach dem völligen Untergang Deutschlands damit, dass schließlich doch das Gute über das Böse triumphiert:

"Der Papst reist an und krönt im Kölner Dom einen alten Bayern, mit schneeweißen Haaren, der eine Lederhos'n trägt, zum König von Deutschland..."

Na also, wer sagt's denn! Wir sind wieder wer...

Jeder Mensch ist also prinzipiell – die göttliche Eingebung einmal außeracht lassend – im Rahmen seines Verstandes zur Voraussicht fähig, selbst wenn es sich in einigen Fällen 'nur' um verarbeitete Träume handelt. Über die Tragweite entscheiden zwar stets die eingetroffenen Vorhersagen, doch wird bei zahlreichen Voraussagen, sofern sie eine verständlich zu deutende Basis besitzen, auf längere Sicht der Zufall allmählich ausgeschlossen, da sie sich im weiteren Verlauf immer an der Wahrheit messen lassen müssen.

Wahrgewordene Ahnungen können so natürlich vorschnell zu 'göttlichen Prophezeiungen', und rein logische Schlussfolgerungen zur wahren Genialität erhoben werden – Zuordnungen, welche einerseits durch die Zukunft geprägt werden, andererseits durch uns selbst, die wir über falsche Propheten bzw. Genies oft zu früh entscheiden. Die göttliche Offenbarung will das Ziel erkannt haben, die Prognose hingegen den Ausgangspunkt.

Der tatsächliche Unterschied zwischen den beiden Vorhersagearten wird dann deutlich, wenn man beachtet, wie sie z.B. mit zufälligen, aber gewaltigen Naturkatastrophen umgehen. Die fachorientierte oder wissenschaftliche Prognose kann beispielsweise das Hereinbrechen von Flutkatastrophen, Orkanen oder sintflutartigen Regenfällen und Überschwemmungen nicht berechnen. Der Glaube zwar auch nicht, aber er schließt das Unbekannte einfach aus und bietet fertige Resultate.

Die vorangegangenen vier Überlegungen machen nun in der Schlussbetrachtung eines deutlich:

Prophezeiungen können aus der Zukunft kommen (These 1), von Gott gesandte Visionen sein (These 2), sie können sich aus Prognosen entwickeln (These 3) oder wie Traumbilder aus unserem Unterbewusstsein kommen (These 4). Ihr Ursprung ist somit nicht definierbar und nur mittels des persönlichen Glaubens subjektiv fixierbar.

Wenn der ein oder andere Leser noch eine andere Idee dazu entwickelt, so bedeutet dies prinzipiell nur, dass es nicht vier, sondern fünf oder mehr Thesen sind, die dann den Ursprung einer korrekten Prophezeiung aber noch undefinierbarer machen. Dabei wollen wir auch nicht vergessen, dass hier ausschließlich die eingetroffenen Prophezeiungen gemeint sein können. Jede der vorangegangenen und künftigen Thesen trägt bis zur Gewissheit auch das Gegenteil in sich – nämlich dass Prophezeiungen falsch sein können, womit sie dann zum visionär erlebten Wahrnehmungsmüll der These 4 hinabsteigen.

Im Grunde lernen wir aus dieser Schlussfolgerung, dass Prophezeiungen niemals absolut wahr sein können, relativ dagegen schon...

Prophezeiungen entwickeln sich – im Gegensatz zur Prognose – nicht aus der Folge von scheinbar logischen Zusammenhängen und ihrer Konsequenzen, sondern bieten eher kompromisslos abgeschlossene Ergebnisse, Handlungen und Ereignisse an.

Beispiele:

"Die roten Horden dringen bis zum Rhein vor. Sie werden von einem grobschlächtigen Mann geführt, der eine Narbe auf der Stirn hat..."

"Die Leute bauen wie verrückt. Lauter weiße Rotdachel-Häuser, soweit man sehen kann! Aber dann wird abgeräumt..."

"Und siehe, es kommt eine Finsternis, wie sie noch nie war. Drei Tage wird sie andauern, und wohl dem, der vorher die Zeichen verstanden hat..."

Dies sind typische Prophezeiungstexte, die ohne Beachtung der Ursachen, Entwicklungen und Konsequenzen immer nur das bildhaft empfangene Ergebnis liefern. Nostradamus bildet hier eine rühmliche Ausnahme, denn er liefert in den meisten seiner Voraussagen die Ursachen und Zusammenhänge – mehr als ungewöhnlich für einen Propheten – gleich mit. Das dies bis heute kaum einem Nostradamus-Autoren aufgefallen ist, liegt wohl an dem Umstand, dass er sich das Vokabular der bekannten (auch biblischen) Propheten zu eigen machte und auch ähnliche Inhalte liefert – aber eben nur ähnliche...

So fällt es kaum auf, dass seine Voraussagen eine exzellente Mischung aus Prognose und Prophetie darstellen. Eine völlig neue Art von prophetischer Darlegung und – ein metaphysisches Unding, welches er durch eine 'typische' Prophetensprache zu vertuschen versuchte und ihn dennoch entweder als gewitzten Scharlatan seiner Zeit entlarvt, oder eine völlig andere Quelle hinter den Centurien vermuten lässt. – Ein Beispiel:

1/47

Vom Genfersee – die Ermahnungen werden Zorn auslösen.
Tage werden durch Wochen beschränkt,
dann Monate, dann Jahre, dann wird alles schwach werden.
Die Obrigkeiten werden die nutzlosen Gesetze verdammen.

Die erste Zeile informiert über den Urheber und dass seine Ermahnungen (die Ursache) Zorn auslösen werden (die Konsequenz). Die zweite und dritte Zeile informiert über die Dauer des Ereignisses und liefert dann die 'Wirkung' der zuvor erwähnten Ursache gleich mit ("dann wird alles schwach werden"). In der letzten Zeile wird die Konsequenz dann noch verdeutlicht und abgeschlossen.

Das mag dem Leser, der nur Nostradamus-Texte, nicht aber jene der anderen bekannten Propheten kennt, 'ganz normal vorkommen'. Aber es ist nicht normal. Und es ist auch schwer vorstellbar, dass man in visionär erblickten Bildern einen See als 'Genfer See' identifiziert und noch schwerer, vor dem geistigen Auge das Bild von "Ermahnungen, die Zorn auslösen werden" sieht. Wenn Sie das nicht glauben wollen, schließen Sie einfach mal die Augen und versuchen Sie sich ein "nutzloses Gesetz" vorzustellen oder eine 'zornauslösende Ermahnung'.

Sollte es Ihnen gelingen, dies so in Bildern zu sehen, dass Sie es auch aufschreiben könnten, ohne vorher gelesen zu haben, dass es sich um ein 'nutzloses Gesetz' handelt, was Sie da eben sahen, dann empfehle ich weitere Übrungen:

Wie drückt sich der 48. Breitengrad in Bildern aus? Wie der Fluss Dnjeper in Russland, so, dass Sie ihn identifizieren können, und woran erkennen Sie, dass jemand in einem kleinen Ort, nahe bei Flandern geboren wird, der später das Volk der Franzosen führen wird?

Schlitzohr oder andere Quellen...?

Diese Frage drängt sich auf, denn in prophetischen 'Gesichten', in visionären Bildern, lässt sich zu vieles nicht sehen, wo uns Nostradamus jedoch Glauben machen will, es 'gesehen' zu haben.

Stößt man denn die kleine Pforte zu jenen Nostradamus-Prophezeiungen auf, die uns aus der Ur-Version der Centurien bekannt sind, findet man beim aufmerksamen Lesen weitere zahlreiche Mosaiksteinchen, welche die These untermauern, dass hier keine visionären Bilder, sondern 'anders gesehene Fakten' wiedergegeben wurden. Fakten, die man nicht durch eine hellsichtige, prophetische Gabe erblicken kann – selbst dann nicht, wenn sie ein Fingerzeig Gottes sein sollten, welche sich ja auch in irgendeiner bildhaften Form darstellen müssten.

Einige solcher prophetischen Unmöglichkeiten wurden in den vorangegangenen Kapiteln bereits erwähnt. Ich möchte sie hier noch einmal aufführen und durch weitere Beispiele ergänzen:

Wie stellt man sich bildlich das abstrakte "Schulgebilde einer Republik" vor...? Wie konnte Nostradamus in der Auflistung von astrologischen Konstellationen (im Vierzeiler 4/33 werden fünf Planeten aufgeführt) den Planeten 'Neptun' namentlich erwähnen? Dieser wurde erst im Jahr 1846 entdeckt und erhielt folglich auch dann erst seinen Namen. Wie stellte sich das bildlich in seiner Vision dar? Ein neuer, grüner Planet in unserem Sonnensystem, und davor ein Schild mit der Aufschrift "Neptun"...?

Wie, um alles in der Welt, kann man die Namen von Flüssen 'sehen' (den Dnjeper in Russland, Ganges in Indien usw.), wie sieht man in Bildern die Namen von Landschaften, Städten, Flussniederungen oder Regionen, die man selbst noch nie zuvor in der realen Welt besucht hat? Wie konnte Nostradamus einige schweizer Regionen als 'Kantone' bezeichnen? Selbst in der Schweiz war dieses Wort damals kaum geläufig, und es wurde erst nach dem Druck der Centurien zum ersten Mal in den eidgenössischen Chroniken schriftlich erwähnt...

Wie sieht man in Visionen, dass die einen Angreifer vom Fuciner-See kommen, die anderen vom Gardasee und alle von jenen des Genfer-Sees gefangen werden? Wie sieht man, dass "sechs Monate und neun Tage lang" kein einziger Tropfen Regen in der Toskana fällt; wie, dass sich Engländer, Flamen und Bretonen zu einer Streitmacht vereinen? Wie sieht ein "Nachfolger des Herzogtums" in Bildern aus, wie ein "gottgeweihter Vorwand, der die Knechtschaft abschaffen" soll...? Woher bezog Nostradamus die Bezeichnung "Capitol", und warum kannte er den Namen von einem Platz in Paris – einem Platz wohlgemerkt, der erst hundert Jahre später erbaut werden würde und auch dann erst seinen Namen erhielt?

Wie kann man in prophetischer Schau sehen, dass ein Heer von "knapp einer halben Million" gegen Persien antritt – und wer zählte oder schätzte die "fast eine Million" an Toten und Gefangenen aus Vers 1/72? Wie erkennt man in bildlichen Visionen den "48. Breitengrad", "100.000 Mark", "27 Jahre Krieg", "57 Jahre Frieden" oder "13 Jahre barbarischen Selbstbetruges"...?

Diese Liste könnte endlos fortgeführt werden. Und wenn man nur will, kann man sicher auch die ein oder andere Ungereimtheit erklären, womit man sich aber auf das dünne Eis des "Ich glaube trotzdem, dass Prophezeiungen möglich sind" begibt. Es ist schlichtweg nicht möglich, visionär einen 48. Breitengrad zu erblicken – auch keine Zeitspanne von 57 Jahren Frieden, oder eine Menschenmasse von Divisionen, Armeen und Heeren auf 'knapp eine halbe Million' festzulegen.

Was bleibt, wäre die Erkenntnis, dass Nostradamus entweder geflunkert hat (ein gefährliches Unterfangen in seiner Epoche, dass jedoch seinen enormen Wohlstand begründet haben könnte) oder dass seine Voraussagen – sollten sie sich mit den Ereignissen von gestern, heute und morgen decken – einen anderen Ursprung haben, also nicht von visionär-prophetischer Natur sind.

Über die vielsagende Zeile, man habe "ein Schriftstück vom Kaiser des Phönix" gefunden, ausgestattet mit "heiligen Bildern", wurde schon im Kapitel 'Der Ursprung' geschrieben. Hier nun, wo wir uns Gedanken über die Wahrscheinlichkeit oder die Nicht-Erfüllbarkeit von Prophezeiungen machen, müssen wir uns jetzt eine entscheidende Frage stellen:

Was könnte in diesem 'Schriftstück' mit den 'heiligen Bildern' – so es denn überhaupt existierte und keine Erfindung des Sehers ist – tatsächlich gestanden haben oder abgebildet gewesen sein? Visionen eines frühen, vielleicht biblischen Propheten und somit vermutlich nur eine Serie von neuem visionär erblicktem Müll?

Oder, wie ich es zuvor in den Raum stellte, ein schön bebildertes, mit Fakten und realem Geschehen ausgestattetes Geschichtsbuch, das – wie auch immer das geschehen sein mag – aus einer neuzeitlichen Epoche zurück in die Vergangenheit gelangen konnte. Was spräche für eine derartig ungeheuerliche Vermutung?

Zum einen wäre dies der Stand der heutigen Technik und Wissenschaft. Im Gegensatz zu früheren Epochen erscheint es nicht mehr undenkbar, dass ein Transfer eines derartigen Buches durch Zeit und Raum möglich wird oder schon ist. US-Wissenschaftler arbeiten inzwischen seit nahezu 60 Jahren in streng geheimen Projekten an diesem Phänomen. Andere Nationen, denen durchaus klar sein muss, dass mögliche Zeitreisen einen immensen politischen, wirtschaftlichen, sozialen, militärischen (und...und...und...) Vorteil garantieren, werden hier gewiss nicht däumchendrehend und tatenlos zusehen.

Schon die Tatsache, dass es bereits in den 40er Jahren fast gelungen wäre, ein komplettes Kriegsschiff in eine andere Zeitdimension eintauchen zu lassen (Philadelpia-Experiment), legt offen, dass man hier bereits mit Erfolg vorangegangene 'kleinere Tests' durchgeführt haben muss. Kein auch noch so durchgeknallter Wissenschaftler würde sich gleich beim ersten Versuch an einen riesigen Kreuzer wagen. (Auf meinen Webseiten finden Sie zahlreiche ausführliche Beschreibungen über derartige Geheimprojekte).

Das zeigt uns, dass die Wissenschaft Zeitreisen zumindest für möglich, und inzwischen für so interessant hält, dass eine gigantische Geldbeschaffungs-Maschinerie in Gang gesetzt wurde, um die kostenverschlingenden Geheimprojekte überhaupt finanzieren zu können. Die Möglichkeit, Dinge durch Zeit und Raum zu transferieren (zu teleportieren), sollten wir also nicht als absurd abtun.

Für die Hypothese, dass das 'Schriftstück vom Kaiser des Phönix' nicht die (möglicherweise hirnrissigen) Visionen eines noch älteren Propheten wiedergibt, sondern reale Fakten aus der

Menschheits-Chronik, spricht auch der ehrfürchtige Hinweis des Sehers auf die 'heiligen Bilder'.

Kann man hier nicht eine Umschreibung darüber erkennen, was es in seiner Zeit nicht in annähernder Brillanz und Perfektion gab – nämlich detailgetreue Farbfotografien...? Wie sonst hätte er solche ihn derartig beeindruckenden Fotos beschreiben sollen?

Und noch eines spricht dafür, dass dieses 'Schriftstück' etwas ganz Besonderes war: – die Tatsache, dass Nostradamus nicht nur 'ungeschoren' unter der schützenden Hand der Katharina von Medici seine Centurien veröffentlichen, und nach Belieben später erweitern durfte, sondern auch der Umstand, dass er sich überhaupt die Mühe machte, seine Botschaften gekonnt zu verschlüsseln.

Hunderte vor ihm prophezeiten in ähnlich düster klingender Sprache unheilvolle Ereignisse für die Menschheit. Aber keiner dieser Propheten hielt es für notwendig, seine angeblich von Gott empfangenen Botschaften zu verschlüsseln. Sie sahen und schrieben nieder, was sie sahen. Nostradamus hingegen 'sah' und verschlüsselte, was er sah. Warum...?

Und warum legte er so deutlichen Wert darauf, nicht 'Prophet' zu sein, sondern ein 'Seher'...?

"Denn wer heute 'Prophet' genannt wird, hieß ehedem Seher", schreibt er in seinem Beibrief an Sohn Cäsar. Und weiter: "Denn der eigentliche Prophet, mein Sohn, ist jener, welche Dinge sieht, weit entfernt von jeder natürlichen Kenntnis aller Geschöpfe..." In den nachfolgenden Sätzen stellt er dann die visionäre Prophetie, wenn auch geschickt umschrieben, völlig in Frage.

Selbst wenn dem Propheten eine vollkommene Einsicht von Gott vermittelt werden würde, schreibt Nostradamus und bekundet darüber seine Zweifel, dann könne dieser die Nachrichten, die er über solche dunklen Wege empfinge, nicht richtig deuten und weitergeben. Am Ende fleht er Cäsar gar an, dass er seinen Verstand niemals für solche Träumereien missbrauchen solle, was Körper und Geist nur austrocknen würde...

Hier findet man also auch im unverschlüsselten Text die vorsichtige Botschaft, das sein Wissen aus anderen, nicht prophetischen Quellen zu kommen scheint. Es verwundert somit nicht, wenn er dem Titel eines 'Propheten' ablehnend gegenübersteht. Diese Bezeichnung verliehen ihm erst später seine Leser und Drucker.

Dass Nostradamus seine Voraussagen im Gegensatz zu den meisten anderen Propheten verschlüsselt hat, geschah sicher nicht ohne Grund. Die einfachste und logischste Erklärung hierfür wäre, dass mehr hinter ihnen steckt, als hinter den vorausgegangenen 'göttlichen Botschaften' anderer Propheten.

Klartext...?

Der Schlüssel

Sieben Jahre lang war ich blind wie ein Malwurf gewesen.

Ich hatte die Centurien und die Briefe des Sehers von unten nach oben gekrempelt, mit Textpyramiden, Buchstabenrastern, Anagrammen und Zahlen jongliert, war in mittelalterliche Geheimlehren abgetaucht und hatte mich durch die Dechiffriermethoden der Gegenwart gewühlt. Am Ende gab es wohl keinen lateinischen Satz, keine hervorgehobenen Wörter, schiefstehende Buchstaben oder seltsame Satzzeichen, die von mir nicht geprüft worden waren und mich letztlich meine Ehe, und meiner Tochter die Kindheit gekostet hatten.

Ray O. Nolan war auf dem Nostradamus-Trip. Voll drauf, wie man so schön sagt. Und erst, als ich mich dabei ertappte, mir vorzustellen, wie schön es wäre, wenn mich irgendein Richter zu zehn Jahren Einzelhaft verurteilen würde, damit ich noch ungestörter Tausende von Buchstaben Tag für Tag auf Karopapier malen könnte, tauchte ich wieder in der realen Welt auf.

Aber es war eine gute Schule und eine noch bessere Lebenslehre, die ich mit an die Oberfläche brachte. Nichts, was auch nur irgendwie nach Geheimlehren, hebräischen Urschriften und versteckten Codes riecht, könnte je wieder ein so verheerendes, leidenschaftliches Feuer in mir auslösen, wie einst. Und selbst jetzt, als ich nach fünf Jahren prophetischer Enthaltsamkeit in erstaunlich kurzer Zeit das verborgene Türchen zum für mich absolut richtigen und einzigen Nostradamus-Schlüssel aufstieß, genoss ich diesen einzigartigen Moment so leidenschaftslos und ohne jegliche Euphorie, dass es eigentlich wehtun müsste.

Vielleicht fand ich diese Tür zum Schatzkämmerlein des Nostradamus auch nur, eben weil ich extrem nüchtern und sachlich vorgegangen war und mich von seinen Fallstricken und hübsch aufgebauten Mausefallen dieses Mal nicht mehr ablenken ließ. Ich suchte Klartext nach einer bestimmten Methode. Und nach einem deutlichen Wink des Sehers, dass man zumindest auf dem richtigen Weg war. Das Abdriften in phantastische Enthüllungen, die hirnrissigen Vermutungen, man sei so eine Art Auserwählter, weil man den eigenen Namen, den der Eltern oder seine Geburtsdaten in verblüffender Deutlichkeit aus irgendeinem Textfragment herausgefiltert hatte, ließ ich nicht mehr aufkommen.

Wenn es einen Schlüssel geben sollte, oder einen Weg dorthin, dann müsste er von einer überschaubaren Ausgangsbasis in einem vernünftigen Rahmen kontinuierlich zu der halbwegs begreifbaren Anleitung führen, wie man nun diese verdammten Centurien korrekt zu lesen hätte. Die Sache von hinten aufzurollen oder wie ein hoffnungslos Ertrinkender überall dort zu suchen, wo es nach etwas Geheimnisvollem roch, konnte keine Lösung sein. Es ist auch keine – ich hatte es sieben Jahre lang erfahren dürfen...

Der Kniff, in relativ kurzer Zeit den Schlüssel zu den Voraussagen in die Hände zu bekommen, verlangt eigentlich nur, dass man von dort aus, wo man schon Hunderte Male einen Eingang gesucht hat, erneut, aber mit einer anderen Zielsetzung, beginnt. Hat es dann erst einmal 'Klick' gemacht, findet man zahlreiche Hinweise auf diese 'Startposition', die eigentlich auch ganz offensichtlich ist. Man hat lediglich von dort aus immer und immer wieder mit den falschen Methoden zu graben versucht.

Inzwischen bin ich der Meinung, dass in der Vergangenheit bereits viele Leute diesen Schlüssel entdeckt haben, ihn aber entweder geheimhielten oder in ihrer Epoche keine Möglichkeit hatten, ihn zu veröffentlichen. Andere gaben ihn vielleicht mündlich weiter und wieder andere werden ihn schlicht und ergreifend für falsch gehalten haben, weil viele der Prophezeiungen in ihrer Zeit einfach keinen Sinn ergaben. Dass Ray O. Nolan der Erste und Einzige sein soll, der auf ihn stieß, kann ich mir nicht vorstellen.

Die Begleitumstände wären für einen doch so erhebenden Moment, als Erster das Siegertreppchen hinaufklettern zu dürfen, auch nicht angemessen genug gewesen. Ich würgte gerade ein Leberwurstbrot hinunter, mein Internetzugang war zähflüssig wie Teer und ich hatte einen Tag vorher meinen Hund einschläfern lassen müssen – ein bis dahin braves, aber riesiges Vieh – weil er einen Hausgast ohne Vorwarnung ins Gesicht gebissen hatte. Ein mächtiges, tiefes Loch, dicht neben der Halsschlagader, ein anderes neben der rechten Augenbraue. Rambo – eine argentinische Dogge, die in ihrem elften und letzten Lebensjahr ihrem Namen alle Ehre gemacht hatte...

Kein Tag für Höhenflüge also. Und weil er zu sonst nichts taugte, ging ich leberwurstbrotkauend und lustlos einem Hinweis nach, den ich schon Wochen vorher bemerkt hatte, ohne ihn jedoch weiterzuverfolgen.

Damals hatte mir ein Bekannter ein Computerprogramm erstellt, durch das es möglich war, die Zeilen innerhalb einer Centurie nach bestimmten Vorgaben, die man beliebig ändern konnte, auszutauschen. Die Idee dazu war mir schon Jahre vorher gekommen, weil eine Vielzahl von Voraussagen so abrupte und sinnentstellende Folgezeilen aufweisen, dass ein gezieltes Austauschen von Textzeilen durchaus sinnvoll erschien. Aber auch das verfolgte ich damals nicht weiter. Ray O. Nolan war zu jener Zeit auf seinem zahlenmagischen Buchstabentrip...

Nun aber gab es ein perfektes Computerprogramm und ich machte wieder die Nächte zu Tagen, in denen ich sehr rasch erkannte, dass eine neue Zielsetzung völlig andere und neue Welten in den Prophezeiungstexten öffnet. Nun, da ich nicht mehr einen Hinweis in Wörtern mit großgeschriebenen Anfangsbuchstaben und ähnlichem suchte, sondern diese Ergebnisse, wenn sie sinnvoll erschienen, auf ganze Zeilen anwandte, eröffneten sich völlig neue Perspektiven.

Zunächst ging ich von rein logischen Gesichtspunkten aus, ohne den an sich deutlichen Hinweisen Beachtung zu schenken. Beides führt zwar gleichermaßen zur wichtigen Einstiegsbasis, der Weg über bestimmte Hinweise im Cäsar-Brief und aus der ersten Centurie ist jedoch sinnvoller und auch in den Ergebnissen deutlicher.

Bei mir lief es zunächst jedoch anders ab. Dieses Mal ging ich davon aus, dass man in der düsteren Epoche des Michel Nostradamus gewiss nicht an jeder Straßenecke auf einen bestens ausgestatteten Schreibwarenladen gestoßen ist und dass die Papierqualität ebenso schlecht und unterschiedlich war, wie die Gänsefedern mit deren Hilfe man klecksend selbst fabrizierte Tinte auf die wenigen Blätter verteilte, die man im Haus hatte. In den Wintertagen schrieb man mit klammen behandschuhten Fingern beim schwachen Licht einer Kerze. Keine Radiergummis, kein Tippex, selbst eine scharfe Rasierklinge zum vorsichtigen Wegkratzen von Fehlern gab es nicht.

Harte Zeiten für Propheten. Noch härtere für jemanden, der über 350 mehrzeilige Prophezeiungen verschlüsseln wollte! Nostradamus muss also einen Weg gesucht haben, mit möglichst wenig Schreibaufwand das zu verschlüsseln, was ihm so wichtig erschien. Vorausgesetzt natürlich, dass er überhaupt seine Texte verschlüsselte und seine Leser nicht belogen hatte...

Sucht man nun nach Zeilenverschiebungen und nicht nach kleinerem anderen Firlefanz, dann dauert es nicht lange, bis man sich daran erinnert, dass der alte Herr einst vierzeilige Prophezeiungen geschrieben, und jeweils hundert von ihnen zu einem Kapitel zusammengefasst hatte. Und damit niemand auf die Idee absonderliche kam, diese Hunderterbündel auseinanderzuzerren, bezeichnete er diese Abschnitte nicht als 'Kapitel' oder setze einfach nur laufende Nummern an den Beginn – er kreierte den Namen "Centurie" (Hundert) und konnte damit sicher sein, dass nun auch tatsächlich 100 Verse pro Centurie abgedruckt werden würden. Seine Vierzeiler numerierte er ebenfalls zusätzlich von 1 bis 100, womit nur noch die reine Willkür eines Druckers diese Aufteilung zunichte gemacht hätte.

Sieht man hinter dieser sorgsam abgesicherten Aufteilung nun eine Absicht, bietet es sich selbstredend an, auch einmal darüber nachzudenken, warum Nostradamus so eifrig bemüht war, dass diese Hunderter-Blocks beibehalten wurden. Wenn einem dazu noch die Idee durch den Kopf schwirrt, Nostradamus habe womöglich die Zeilen innerhalb einer Centurie ausgetauscht, ist der nächste Schritt nicht fern:

Jeweils vier Zeilen in einer Centurie (Hundert) auseinanderzuzupfen und neu zusammenzufügen, dies verlangt, den vorgegebenen Block mit 100 Vierzeilern (400 Zeilen) in vier gleiche Abschnitte zu unterteilen. Zumindest wäre dies ein Weg, den der Seher hätte einschlagen können.

Mit dieser Schlussfolgerung erhielte man in einer Centurie nun vier Textblocks mit jeweils 25 Vierzeilern. Nostradamus hätte also nur nach jeweils 25 seiner unverschlüsselten Prophezeiungen einen Strich ziehen müssen, um dann auf ein neues Blatt z.B. die erste Zeile des ersten Blocks zu schreiben, danach die zweite Zeile des zweiten Blocks, dann die dritte Zeile aus dem dritten, und schließlich die vierte Zeile aus dem vierten Block. Und fertig wäre ein neuer, völlig entstellter Vierzeiler gewesen.

Das Ganze nun noch in Reimform gebracht – in Französisch ist das auf Grund der zahlreichen gleichen Endungen selbst für einen Nicht-Poeten kein großes Problem – und schon wäre er ein neuer Vierzeiler kreiert! Grosse Wirkung bei kleinstem Aufwand...

Zuweilen werden dem alten Fuchs angesichts der nun völlig anders klingenden Vierzeiler die Lachtränen aus den Augen geschossen sein. Wenn es so war, nehme ich ihm das übel. Denn an diesen Lachmuskel auslösenden Versen beißen wir uns immerhin seit Jahrhunderten die Zähne aus und versuchen sogar – teilweise mit großem Erfolg – diese Nonsenstexte in geschichtliche Ereignisse zu pressen! Da darf man ihm sein glucksendes Gelächter bei der ein oder anderen Neuschöpfung schon übelnehmen...

Doch zurück in die Gegenwart.

Diese Aufgabe, jede Centurie in vier Blocks aufzuteilen und sich dann die fortlaufenden Zeilen aus den entsprechenden Blocks herauszupicken und zu neuen Vierzeilern zusammenzusetzen, löste der Computer in Windeseile. Die Ergebnisse der ersten Centurie aber, lasen sich nun wie neue haarsträubende, typische Nostradamus-Vierzeiler. Und die Sache hatte noch einen dicken Haken: Dadurch, dass das Programm angewiesen war, nach jedem Durchlauf zur ersten Zeile des nachfolgenden Vierzeilers zu springen, um dann von dort aus die gleichen Vorgänge zu wiederholen, blieben jeweils drei Zeilen pro Vierzeiler auf der Strecke. Hätte ich an diesem Tag etwas mehr nachgedacht, wie man dieses Problem lösen könnte, wäre mir eine Menge unnötiger Arbeit erspart geblieben.

Aber ich tat es nicht, tippte statt dessen andere Varianten in den Computer. Und hätte mein Hund nicht vier Wochen später zugebissen – wer weiß, vielleicht würde ich jetzt noch tippen...

Sie kennen das Spiel "Mensch ärgere Dich nicht!"...?

Es ist an sich kinderleicht, aber wenn man versucht, darüber eine Spielanleitung zu schreiben, wird sich am Ende alles höchst kompliziert lesen. Mit dem Nostradamus-Schlüssel verhält sich das kein bisschen anders. In einigen erklärenden Tabellen müssten möglichst farbige Markierungen angebracht sein und auch das vorliegende Buchformat reichte nicht aus, Textgebilde so abzudrucken, dass sie noch überschaubar oder überhaupt zu lesen wären. Schließlich hätte ein großformatigeres, dickeres und zum Teil farbig gestaltetes Buch den Preis empfindlich in die Höhe geschraubt – verlegerische Argumente, denen ich mich nicht widersetzen konnte.

Für alle Leser, welche die nachfolgenden Ausführungen vertiefen möchten, habe ich daher auf meinen Web-Seiten einen speziellen Leserbereich eingerichtet. Von hier aus kann man auch Beispieltabellen und zusätzliche Informationen kostenlos 'herunterladen'. Geben Sie dazu bitte diese Domainadresse an:

http://nostradamus-prophezeiungen.de/leserbereich

Hier, im vorliegenden Buch, will ich für all jene, die sich nicht so sehr für die kompliziertere technische Seite von Codes und deren Entschlüsselungen interessieren, nur umreißen, welche Wege zum Schlüssel führen und wie sich nach einer Entschlüsselung die neuen Voraussagen präsentieren...

Nostradamus führt den aufmerksam Suchenden über mindestens drei unterschiedliche Wege zum gleichen Ziel. Es existieren also mehrere Möglichkeiten, richtig 'einzutreten', um dann über einige Stationen zur immer gleichen Anweisung zu kommen, wie die Voraussagen in ihre ursprüngliche Form zurückgebracht werden können.

Eine dieser Einstiegsquellen findet man z.B., wenn man – wie ich es schon hier beschrieb – die erste Centurie in vier Blocks zu je 25 Vierzeilern unterteilt. Da allerdings, wo ich zu Beginn nach dem ersten Durchlauf mit der ersten Zeile des zweiten Vierzeilers einen neuen Suchlauf startete, muss man anders verfahren.

So ist es korrekt:

Erste Zeile aus Block 1, zweite Zeile aus Block 2, dritte Zeile aus Block 3, vierte Zeile aus Block 4. Danach geht es im Rückwärtsgang zurück, nämlich: Die erste Zeile aus Block 4, die zweite Zeile aus Block 3, die dritte Zeile aus Block 2 und die vierte Zeile aus Block 1.

Wenn Sie das nachvollziehen (mit der französischen Originalausgabe von Bonhomme, Lyon1555) stehen am Ende acht Zeilen untereinander, bei denen man die Leerzeichen, Interpunktionen usw. auslassen muss, so dass Buchstabe um Buchstabe, säuberlich von links nach rechts laufend, geordnet untereinander steht. In deutscher Übersetzung empfängt uns der Seher dann mit der folgenden Botschaft, die erste Hoffnungen aufkommen lässt, man könnte die Einstiegsluke gefunden haben:

Während ich dasitze, nachts, bei geheimen Studien,
Schlimmes, vorhergesagt und durch den Inhaber bevollmächtigt,
kehren dann nach langem Zyklus seine üblen Zeiten zurück.
So, dass niemand mehr Lärm auslöst und berühmter wird als er,
(der) von einem markanten Namen hervorgebracht.
Ewiger Gott welche Veränderungen!
Nachfolgend fällt das Vorzeichen zur Nachtstunde,
bringt hervor, woran man nicht vergeblich glauben soll.

Ab hier wird nun etwas Scharfsinn gefordert, auch Französischkenntnisse und ein paar Basisbegriffe aus der lateinischen Sprache sind, wie im gesamten Nostradamuswerk, unumgänglich.

Es bringt übrigens nichts, den Zeilentrick aus den verschiedenen Blocks weiter zu verfolgen. Nostradamus hat nur diese acht ersten Zeilen so geschrieben, das man darin einen weiterführenden Hinweis findet.

Mit dem vorliegenden Schema wird das Zusammenfügen der korrekten Startzeilen zwar leicht gemacht, die Hinweise, die man dann findet, sind allerdings etwas versteckter, als in der nachfolgenden Einstiegsmöglichkeit, wo das Finden der Zeilen dann jedoch geheimnisvoller ist.

Diesen zweiten Hinweis gibt uns der Seher im Startvers 1/1, wo er seinen Drucker wohl anwies, das erste Wort zu seinen Prophezeiungen in Versalien zu schreiben. Darin hat er – nicht weil er Ray O. Nolan so mochte – sondern eher nach dem Motto "der Zweck heiligt die Mittel" sogar ein deutschsprachiges Wörtlein untergebracht, ESTANT, und daraus ein Wortspiel kreiert: EST an T.

Das könnte natürlich auch Zufall sein, und der Hinweis, man möge die Buchstaben EST an das T hängen, was das Wort TEST ergibt, bringt einen nur 'versehentlich' zu einer beeindruckenden Einstiegsluke. Doch angesichts dieser markanten Hervorhebung darf man schon davon ausgehen, dass Nostradamus jeden nur erdenklichen sprachlichen Kniff anwandte, um mehrfache Einstiege zu seinem Schlüssel schaffen.

Hier ist nun das geübte Auge gefragt, um in der ersten Centurie all jene französischen Originalzeilen aufzuspüren, in welchen das Wort TEST verborgen ist. Schusseligkeit darf man sich hier jedoch nicht leisten, denn einige "Test" hat der Seher überaus geschickt eingebettet. Übersieht man beispielsweise dieses Wörtlein bereits in der ersten Zeile (am Ende, wo es heißt: "*secre***t est***ude*"), fehlt ein wichtiges Fragment in diesen TEST-Zeilen und alles Suchen wird fruchtlos bleiben...

Eine dritte Einstiegsmöglichkeit findet man in einem sehr entscheidenden Satz aus seinem Brief an Sohn Cäsar. Hier heißt es in der deutschen Übersetzung: "Denn das Erbwort der geheimen Prophezeiungen wird in meinem Magen eingeschlossen sein." Und in der französischen Urfassung aus dem Jahre 1555:

"Car la parolle hereditaire de l'occulte prediction sera dans mon estomach intercluse."

Liest man diesen Satz nun mit einem anderen Ziel, dass man nämlich nach der Umstellung von Zeilen sucht, dann sollte man nun auch dem *"parolle héréditaire"* ="ererbtes Wort" eine andere zulässige Übersetzung zuweisen: "Denn die vererbte Sprechweise der geheimen Prophezeiungen wird in meinem Magen eingeschlossen sein..."

Beachten Sie, dass Nostradamus dieses Geheimnis, nicht in seinem 'Inneren' verborgen hat, oder in seiner 'Brust', wie uns einige Übersetzungen weismachen wollen, sondern er wählte dafür nicht ohne Grund seinen Magen (*estomach*) aus. Und auch nicht vergessen, dass der Meister wohl auch einige Brokken Deutsch beherrscht haben könnte.

Dass dieser Satz mit seinen vielen Spracheigentümlichkeiten auch in späteren französischsprachigen Ausgaben immer wieder (im Gegensatz zu anderen Teilen aus dem Brief) sehr korrekt in der ersten Schreibweise übernommen wurde, ist für mich eine weitere Bestätigung dafür, dass zu jenen Zeiten einige den Schlüssel entdeckt hatten – zumindest aber diesen Einstieg.

Alle drei der hier aufgezeigten Wege führen letztendlich zum gleichen Ziel – einer knappen aber deutlichen Anleitung, dass der Seher durch schmückendes Beiwerk seine Prophezeiungen verworren klingen ließ, dass diese Zeilen zu streichen sind und der Rest dann neu zusammengefügt den wahren Hintergrund der Voraussagen bildet. Jede Centurie unterliege eigenen Gesetzen, welche da niedergeschrieben seien, wo alles seinen Ursprung fände – Michel...

Von hier aus, Fremder, finde Deinen Weg zum Meister oder lasse Dich auf der Homepage Ray's weiterführen. Am Ende Deines Weges solltest Du dann die nachfolgenden sechs Zeilen aus einer Anleitung für die erste Centurie richtig und wie folgt zusammensetzen können:

1.

Allein, beruhend auf den unerschütterlichen Gedanken
fällt nachfolgend das Vorzeichen zur Nachtstunde.
Verloren, gefunden, verborgen für einen so langen Zeitraum,
was in langer Zeit zusammengetragen wurde,
hervorbringend, woran man nicht vergeblich glauben soll.
In jener Zeit, vollendet und ausgezehrt, meine Prophezeiung.

Hier das gleiche, fein sauber untereinander geschrieben, in der französischen Urfassung (aus Platzmangel musste ich die Tabelle leider am Ende 'abschneiden'. Komplett und mit den entsprechenden Hervorhebungen findet man sie in den Leserseiten auf meiner Homepage):

S	E	U	L	R	E	P	*O*	U	S	***E***	S	U	S	**L**	A	S	E	L	L	E
S	U	I	U	A	N	T	*P*	R	E	***S***	A	I	G	**E**	T	O	M	B	E	D
P	E	R	D	U	T	R	*O*	U	U	**E**	C	A	C	**H**	E	D	E	S	I	L
Q	U	I	P	A	R	L	*O*	N	G	**S**	S	I	E	**C**	L	E	S	A	U	O
F	A	I	T	P	R	O	*F*	E	R	**E**	R	Q	U	**I**	N	E	S	T	A	C
L	O	R	S	A	C	C	*O*	M	P	**L**	I	R	&	**M**	I	N	E	M	A	P

Aufgepasst! Das Begrüßungszeichen des alten Herrn steht in der 15. senkrechten Reihe! Liest man diese von unten nach oben (wie den Hinweis in der 11. Zeile "Lese 15" – die Buchstaben S und E habe ich hier nach der mittelalterlichen Fox-Tabelle umgesetzt, durch welche man Buchstaben in Zahlen umwandeln kann – auf der Homepage zum Downloaden), dann wird die Textmitte durch den Vornamen des Sehers MICHEL geprägt!

Upps! Beim ersten Mal geht so was gewaltig unter die Haut!

Jeder, der sich schon einmal mit Nostradamus-Entschlüsselungen beschäftigt hat, sucht nach einem solch klaren Identitätsbeweis, den man nicht erst um drei Ecken verschlungen selbst herausfiltern muss. Und da steht er nun, der Vorname des Propheten! Klar und deutlich, genau in der Mitte eines Versgebildes, das uns über den Namen des Sehers hinaus auch mitteilt, wie es nun in der ersten Centurie weiterzugehen hat. Der Name hat hier (wie auch in den anderen Centurien) eine Kontrollfunktion, die uns bestätigt, dass wir die Zeilen korrekt zusammengefügt haben und uns nun ans Entschlüsseln der ersten Centurie wagen können.

Diese 'Startverse' enthalten also einige wichtige Botschaften, die für ein korrektes Entschlüsseln unumgänglich sind. Hier (erste Centurie) sind es unter anderem – rechts und links oben, neben dem Vornamen des Sehers – das griechische ATOM ("unteilbar") sowie in der gleichen Anordnung, nur spiegelverkehrt, das lateinische Wort LEGI ("zusammenstellen/sammeln"), welches Nostradamus später auch über seinen berühmten Bannvers schrieb.

Auffallend und sehr wichtig ist hier ferner die 8. senkrechte Reihe, welche in einem schönen Strickmuster von Nullen die Buchstaben P und F einbettet – ein Hinweis darauf, welche Zeilen man vor dem Umstellen wo streichen muss. Eine hervorragend konzipierte Falle des Sehers: Blindzeilen, welche, wenn man sie nicht auszuklammern versteht, nur Müll-Prophezeiungen produzieren. Da sich das gesamte Textangebot einer

Centurie nur bei korrekter Streichung dieser Zeilen reduziert und zusammenschiebt, ergibt sich dann auch zwangsläufig bei der späteren Zeilenumstellung ein völlig anderes Bild.

Addiert man nun auch noch die Buchstaben der ersten senkrechten Reihe (mittels der Fox-Tabelle in Zahlen umgewandelt), erhält man als Ergebnis 26. Tauscht man nun die obersten Buchstaben von Reihe 1 und 26 ("I" gegen "S") aus, erwartet uns eine neue Überraschung. (Leider ist die 26. Zeile dem vorliegenden Buchformat zum Opfer gefallen. Sie verweist auf eine andere Seite in der ersten Centurie, welche nach der korrekten Streichung von Blindzeilen dann übrigens in sechs Blocks aufgeteilt wird...).

Bereits dieser kleine Einblick zeigt, dass Nostradamus seine Anwendungstipps neben seiner Muttersprache auch gerne in lateinischen, englischen und deutschen Hinweisen unterbrachte. Vielleicht schrieb er einige Zeit später genau deshalb in seinem "Bannvers", dass sich Sprachunkundige möglichst von seinen Prophezeiungen fernhalten sollten.

Mein kleiner Spaziergang in die Welt des Nostradamus-Schlüssels macht nun schon deutlich, wie schwer es ist, selbst oberflächlich die Thematik des Dekodierens verständlich zu beschreiben. Und wenn dem Leser selbst diese 'leichte Kost' schon zu schwierig oder kaum nachvollziehbar erscheint, rate ich davon ab, sich tiefer mit der Materie auseinanderzusetzen.

Nostradamus kann zur Droge werden. Ich habe es am eigenen Leib erfahren dürfen. Sieben lange Jahre lang waren es nicht die Prophezeiungen des Sehers, sondern ein großer Teil meiner selbst, vielleicht sogar meine Seele, für die die folgende Zeile aus der ersten Centurie zu gelten schien:

Verloren, gefunden, verborgen für einen so langen Zeitraum...

Am Ende eines solchen Buches, aber auch nachdem man in irgendeiner Form für sich selbst andere Interpretationen oder eine 'eigene Wahrheit' aus den verschlungenen Prophezeiungen herausgelesen hat, stellt sich vielleicht die Frage, wie man überhaupt mit Voraussagen umgeht. Was soll man tun? Ans andere Ende der Welt fliehen, einen Bunker bauen, sein letztes Geld verprassen oder sich vor Gott und der Welt schicksalsergeben abkapseln...?

Sind Prophezeiungen oder Voraussagen eine Orientierungshilfe? Wenn nicht, welchen Sinn haben sie dann? Kann man ihnen vertrauen? Wem nutzen sie überhaupt, wenn doch bereits alles unabänderlich feststehen sollte...?

Eine gute Frage, die aber auch ich nur mit einem ratlosen Achselzucken beantworten kann. Ich weiß es nicht. Die vorliegenden Vorhersagen habe ich lediglich einige Zeit vor Ihnen gelesen – wie man nun aber mit so etwas umgeht, lehrte auch mich niemand.

Ich stellte mir natürlich die gleiche Frage, die jedoch bis heute unbeantwortet blieb. Nichts an meinem Leben hat sich geändert, alles läuft weiter wie zuvor. Allerdings lebe ich seit fast 20 Jahren in einem Land, das in absehbarer Zeit ganz sicher nicht am großen Weltgeschehen teilnehmen wird. Weder im Guten, noch im Schlechten.

Andererseits – würde sich mein Lebensmittelpunkt z.B. in Europa oder in den USA befinden, auch dann hätte ich vermutlich nichts einschneidend verändert. Man lebt praktisch in 'Habacht-Stellung' weiter und wartet auf irgendeinen Donnerschlag, um danach sagen zu können, dass sie also doch stimmen, diese seltsamen Prophezeiungen des Michel Nostradamus, die angeblich aus dem Schriftstück vom Kaiser des Phönix kommen sollen.

Doch selbst nach einer Voraussage, die sich vielleicht einmal erfüllt, beginnen dann wohl die gleichen Fragen erneut zu nagen: Was jetzt tun...? Abhauen, Kofferpacken – vor was eigentlich fliehen?

Nostradamus nennt keine Daten in diesen Entschlüsselungen. Jedenfalls habe ich kein gleichlaufendes Schema entdeckt, dass eine genaue zeitliche Fixierung möglich gemacht hätte. Die wenigen Jahresangaben, die ich in den Voraussage-Kapiteln aufführte, habe ich mit der Schlüsselzahl 454151 (DEDANS) die z.B. im Originalvierzeiler des Turnierverses 1/35 Anwendung findet, errechnet. Die von mir ermittelten Jahreszahlen sind aber solange nicht verbindlich, bis sie sich als richtig bewiesen haben.

Eine Gewähr für die Richtigkeit der in diesem Buch abgedruckten Prophezeiungen gibt es ohnehin nicht. Ray O. Nolan könnte Mist zusammengeschrieben haben, Nostradamus könnte geflunkert haben und der Kaiser des Phönix könnte ein sabbernder Tattergreis der Vorzeit gewesen sein, der sich mit seinen 'Prophezeiungen' ein Denkmal setzen wollte.

Dennoch empfiehlt, bittet, der Seher, man möge den Schatz des verborgenen Schlüssels nicht 'wie Perlen vor die Säue werfen'. Mit Hinblick auf die unbekannte Quelle der Voraussagen, die er als 'Kaiser des Phönix' bezeichnet, sollten wir also auch davon ausgehen, dass es vielleicht – trotz aller Bedenken und Einschränkungen – Gründe für diese Bitte gibt, die wir dann auch respektieren sollten.

Wenn Sie sich das zusätzliche Material von meiner Homepage angesehen oder heruntergeladen haben, werden Sie deutliche Wegweiser entdecken, welche Sie aber letztlich nur dorthin führen, wo Sie die Anleitung für das finden, was ich in den vorangegangenen Kapiteln bereits als entschlüsselte Voraussagen vorgestellt habe. Den Weg dorthin können Sie, müssen Sie aber nicht nachvollziehen.

Wenn Sie ihn dennoch suchen und gefunden haben, sollten auch Sie die Bitte des Sehers respektieren, den Schlüssel nicht auszuposaunen. Rückschlüsse auf die wahre Urheberschaft des 'Absenders' werden *wir* zwar nicht finden, wohl aber jene Institution, die vielleicht in diesem Augenblick mit Hochdruck daran arbeitet, alles zu tun, dass nicht geschehen kann, was vielleicht schon geschehen ist oder noch geschehen wird...

Zum Teufel mit dem Paradoxon Zeit! Ich werde es wohl nie begreifen!

Aber vielleicht ist die Zukunft ja tatsächlich nur der winzige Teil einer Zeitschiene, die – wie unsere Gegenwart – im nächsten Augenblick bereits der vergangenen Geschichte angehört. Die Prophezeiungen des Nostradamus werden dafür den Beweis antreten müssen...

Was geschieht, das ist zuvor geschehen,
und was geschehen wird, ist schon geschehen,
und Gott sucht wieder auf, was vergangen ist.
Kohelet (Prediger) 3/15